CW00457928

RICETTE DELIZIOSE DA FORNO 2021

RICETTE GUSTOSE FACILI DA FARE PER PRINCIPIANTI

(INCLUDE RICETTE DI PANE E CORNETTI)

CHIARA SARRI

Sommario

Pane di Segale Bavarese

Per due pagnotte da 450 g/1 lb

Per il lievito madre:

150 g/5 oz/1¼ tazze di farina di segale

5 ml/1 cucchiaino di lievito secco

150 ml/¼ pt/2/3 tazza di acqua calda

Per la pagnotta:

550 g/1¼ lb/5 tazze di farina integrale (integrale)

50 g/2 oz/½ tazza di farina di segale

5 ml/1 cucchiaino di sale

25 g/1 oz di lievito fresco o 40 ml/2½ cucchiai di lievito secco

350 ml/12 fl oz/1½ tazze di acqua calda

30 ml/2 cucchiai di semi di cumino

Un po' di farina impastata con acqua

Per preparare la pasta madre, mescolare la farina di segale, il lievito e l'acqua fino a quando non sono chiari. Coprire e lasciare durante la notte.

Per fare la pagnotta mescolate le farine e il sale. Mescolare il lievito con l'acqua tiepida e unirlo alle farine con il lievito madre. Unire metà dei semi di cumino e impastare. Impastare bene fino ad ottenere un composto elastico e non più appiccicoso. Mettere in una ciotola unta d'olio, coprire con pellicola unta (involucro di plastica) e lasciare in un luogo caldo per circa 30 minuti fino al raddoppio.

Impastare di nuovo, formare due pagnotte da 450 g/1 libbra e adagiarle su una teglia unta (biscotto). Spennellare con la pasta di farina e acqua e cospargere con i restanti semi di cumino. Coprite con pellicola unta d'olio e lasciate lievitare per 30 minuti.

Cuocere in forno preriscaldato a 230 ° C / 450 ° F / gas mark 8 per 30 minuti fino a quando non diventa dorato scuro e suona vuoto quando picchiettato sulla base.

Pane Di Segale Leggero

Per una pagnotta da 675 g/1½ libbre

15 g/½ oz di lievito fresco o 20 ml/4 cucchiaini di lievito secco

5 ml/1 cucchiaino di zucchero semolato (superfino)

150 ml/¼ pt/2/3 tazza di acqua calda

225 g/8 oz/2 tazze di farina di segale

400 g/14 oz/3½ tazze di farina (di pane) forte

10 ml/2 cucchiaini di sale

300 ml/½ pt/1¼ tazze di latte caldo

1 tuorlo d'uovo, sbattuto

5 ml/1 cucchiaino di semi di papavero

Frullate il lievito con lo zucchero e l'acqua e lasciate in un luogo tiepido fino ad ottenere una schiuma. Mescolare le farine e il sale e fare una fontana al centro. Incorporate il composto di latte e lievito e impastate fino ad ottenere un impasto compatto. Impastare su una superficie leggermente infarinata fino ad ottenere un composto liscio ed elastico. Mettere in una ciotola unta d'olio, coprire con pellicola unta (involucro di plastica) e lasciare in un luogo caldo per circa 1 ora fino al raddoppio.

Impastare di nuovo leggermente, quindi formare una pagnotta lunga e adagiarla su una teglia unta (biscotto). Coprite con pellicola unta d'olio e lasciate lievitare per 30 minuti.

Spennellare con tuorlo d'uovo e cospargere con semi di papavero. Cuocere in forno preriscaldato a 200°C/400°F/gas mark 6 per 20 minuti. Riduci la temperatura del forno a 190°C/375°F/gas mark 5 e cuoci per altri 15 minuti fino a quando il pane emette un suono vuoto quando picchiettato sulla base.

Pane di Segale con Germe di Grano

Per una pagnotta da 450 g/1 lb

15 g/½ oz di lievito fresco o 20 ml/4 cucchiaini di lievito secco

5 ml/1 cucchiaino di zucchero

450 ml/¾ pt/2 tazze di acqua calda

350 g/12 oz/3 tazze di farina di segale

225 g/8 oz/2 tazze di farina normale (per tutti gli usi)

50 g/2 oz/½ tazza di germe di grano

10 ml/2 cucchiaini di sale

45 ml/3 cucchiai di melassa nera (melassa)

15 ml/1 cucchiaio di olio

Frullate il lievito con lo zucchero e un po' di acqua tiepida, poi lasciate in un luogo tiepido fino a quando non sarà spumoso. Mescolare le farine, il germe di grano e il sale e fare un pozzo al centro. Incorporare il composto di lievito con la melassa e l'olio e impastare fino a ottenere un impasto morbido. Rovesciare su una superficie infarinata e impastare per 10 minuti fino a che liscio ed elastico, o lavorare in un robot da cucina. Mettere in una ciotola unta d'olio, coprire con pellicola unta (involucro di plastica) e lasciare in un luogo caldo per circa 1 ora fino al raddoppio.

Impastare di nuovo, quindi formare una pagnotta e adagiarla su una teglia unta (biscotto). Coprite con pellicola unta d'olio e lasciate lievitare fino al raddoppio.

Cuocere in forno preriscaldato a 220°C/425°F/gas mark 7 per 15 minuti. Riduci la temperatura del forno a 190°C/375°F/gas mark 5 e cuoci per altri 40 minuti fino a quando la pagnotta suona vuota quando picchiettata sulla base.

Pane di Samos

Per tre pagnotte da 450 g/1 lb

15 g/½ oz di lievito fresco o 20 ml/4 cucchiaini di lievito secco

15 ml/1 cucchiaio di estratto di malto

600 ml/1 pt/2½ tazze di acqua calda

25 g/1 oz/2 cucchiai di grasso vegetale (accorciamento)

900 g/2 libbre/8 tazze di farina integrale (integrale)

30 ml/2 cucchiai di latte in polvere (latte in polvere scremato)

10 ml/2 cucchiaini di sale

15 ml/1 cucchiaio di miele chiaro

50 g/2 oz/½ tazza di semi di sesamo, tostati

25 g/1 oz/¼ tazza di semi di girasole, tostati

Frullate il lievito con l'estratto di malto e un po' di acqua tiepida e lasciate in un luogo tiepido per 10 minuti fino a quando non sarà spumoso. Strofinare il grasso nella farina e nel latte in polvere, quindi aggiungere il sale e fare un pozzo al centro. Versare il composto di lievito, l'acqua tiepida rimanente e il miele e impastare. Impastare bene fino ad ottenere un composto liscio ed elastico. Aggiungere i semi e impastare per altri 5 minuti fino a quando non saranno ben amalgamati. Formare tre pagnotte da 450 g/1 lb e disporle su una teglia unta (biscotto). Coprire con pellicola unta (involucro di plastica) e lasciare in un luogo caldo per 40 minuti fino al raddoppio.

Cuocere in forno preriscaldato a 230 °F/450°F/gas mark 8 per 30 minuti fino a doratura e suono vuoto quando picchiettato sulla base.

Baps al sesamo

fa 12

25 g/1 oz di lievito fresco o 40 ml/2½ cucchiai di lievito secco

5 ml/1 cucchiaino di zucchero semolato (superfino)

150 ml/¼ pt/2/3 tazza di latte caldo

450 g/1 lb/4 tazze di farina (di pane) forte

5 ml/1 cucchiaino di sale

25 g/1 oz/2 cucchiai di strutto (grasso)

150 ml/¼ pt/2/3 tazza di acqua calda

30 ml/2 cucchiai di semi di sesamo

Frullate il lievito con lo zucchero e un po' di latte tiepido e lasciate in un luogo tiepido fino ad ottenere una schiuma. Mescolare la farina e il sale in una ciotola, unire lo strutto e fare un buco al centro. Versare il composto di lievito, il restante latte e l'acqua e impastare fino ad ottenere un impasto morbido. Rovesciare su una superficie infarinata e impastare per 10 minuti fino a che liscio ed elastico, o lavorare in un robot da cucina. Mettere in una ciotola unta d'olio, coprire con pellicola unta (involucro di plastica) e lasciare in un luogo caldo per circa 1 ora fino al raddoppio.

Impastare ancora e formare 12 rotoli, appiattirli leggermente e disporli su una teglia (biscotto) unta. Coprire con pellicola unta (involucro di plastica) e lasciare lievitare in un luogo caldo per 20 minuti.

Spennellare con acqua, cospargere di semi e cuocere in forno preriscaldato a 220°C/425°F/gas mark 7 per 15 minuti fino a doratura.

Antipasto a lievitazione naturale

Per circa 450 g/1 lb

450 ml/¾ pt/2 tazze di acqua tiepida

25 g/1 oz di lievito fresco o 40 ml/2½ cucchiai di lievito secco

225 g/8 oz/2 tazze di farina normale (per tutti gli usi)

2,5 ml/½ cucchiaino di sale

Nutrire:

225 g/8 oz/2 tazze di farina normale (per tutti gli usi)

450 ml/¾ pt/2 tazze di acqua tiepida

Mescolare gli ingredienti principali in una ciotola, coprire con mussola (garza) e lasciare in un luogo caldo per 24 ore. Aggiungere 50 g/2 oz/½ tazza di farina e 120 ml/4 fl oz/½ tazza di acqua tiepida, coprire e lasciare per altre 24 ore. Ripeti tre volte, dopodiché il composto dovrebbe avere un odore acido, quindi trasferisci in frigorifero. Sostituisci qualsiasi antipasto che usi con una miscela uguale di acqua tiepida e farina.

Pane Sod

Fa una pagnotta da 20 cm/8 in

450 g/1 lb/4 tazze di farina normale (per tutti gli usi)

10 ml/2 cucchiaini di bicarbonato di sodio (bicarbonato di sodio)

10 ml/2 cucchiaini di cremor tartaro

5 ml/1 cucchiaino di sale

25 g/1 oz/2 cucchiai di strutto (grasso)

5 ml/1 cucchiaino di zucchero semolato (superfino)

15 ml/1 cucchiaio di succo di limone

300 ml/½ pt/1¼ tazze di latte

Mescolare insieme la farina, il bicarbonato di sodio, il cremor tartaro e il sale. Strofinare nello strutto fino a quando il composto non assomiglia al pangrattato. Incorporare lo zucchero. Mescolare il succo di limone nel latte, quindi incorporarlo agli ingredienti secchi fino a ottenere un impasto morbido. Impastare leggermente, quindi modellare l'impasto in un tondo di 20 cm/8 e appiattirlo leggermente. Adagiatela su una teglia infarinata e dividetela in quarti con la lama di un coltello. Cuocere in forno preriscaldato a 200°C/400°F/gas mark 6 per circa 30 minuti fino a doratura. Lasciar raffreddare prima di servire.

Pane a lievitazione naturale

Per due pagnotte da 350 g/12 oz

250 ml/8 fl oz/1 tazza di acqua tiepida

15 ml/1 cucchiaio di zucchero semolato (superfino)

30 ml/2 cucchiai di burro fuso o margarina

15 ml/1 cucchiaio di sale

250 ml/8 fl oz/1 tazza di lievito madre

2,5 ml/½ cucchiaino di bicarbonato di sodio (bicarbonato di sodio)

450 g/1 lb/4 tazze di farina normale (per tutti gli usi)

Mescolare insieme l'acqua, lo zucchero, il burro o la margarina e il sale. Mescolare la pasta madre con il bicarbonato di sodio e incorporare al composto, quindi incorporare la farina per ottenere un impasto sodo. Lavorare l'impasto fino a renderlo liscio e satinato, aggiungendo un po' più di farina se necessario. Mettere in una ciotola unta d'olio, coprire con pellicola unta (involucro di plastica) e lasciare in un luogo caldo per circa 1 ora fino al raddoppio.

Impastare ancora leggermente e formare due pagnotte. Mettere su una teglia unta (biscotto), coprire con pellicola unta e lasciare lievitare per circa 40 minuti fino al raddoppio.

Cuocere in forno preriscaldato a 190°C/375°F/gas mark 5 per circa 40 minuti fino a doratura e suono vuoto quando picchiettato sulla base.

Panini con lievito naturale

fa 12

50 g/2 oz/¼ tazza di burro o margarina

175 g/6 oz/1½ tazze di farina (per tutti gli usi)

5 ml/1 cucchiaino di sale

2,5 ml/½ cucchiaino di bicarbonato di sodio (bicarbonato di sodio)

250 ml/8 fl oz/1 tazza di lievito madre

Un po' di burro fuso o margarina per glassare

Strofinare il burro o la margarina nella farina e nel sale fino a ottenere un composto simile al pangrattato. Mescolare il bicarbonato di sodio nell'antipasto, quindi mescolarlo alla farina per ottenere un impasto duro. Impastare fino a che liscio e non più appiccicoso. Formare dei piccoli rotoli e disporli ben separati su una teglia unta (biscotto). Spennellare la superficie con burro o margarina, coprire con pellicola unta d'olio (involucro di plastica) e lasciare lievitare per circa 1 ora fino al raddoppio. Cuocere in forno preriscaldato a 220°C/425°F/gas mark 8 per 15 minuti fino a doratura.

Pagnotta viennese

Per una pagnotta da 675 g/1½ libbre

15 g/½ oz di lievito fresco o 20 ml/4 cucchiaini di lievito secco

5 ml/1 cucchiaino di zucchero semolato (superfino)

300 ml/½ pt/1¼ tazze di latte caldo

40 g/1½ oz/3 cucchiai di burro o margarina

450 g/1 lb/4 tazze di farina (di pane) forte

5 ml/1 cucchiaino di sale

1 uovo, ben sbattuto

Frullate il lievito con lo zucchero e un po' di latte tiepido e lasciate in un luogo tiepido fino ad ottenere una schiuma. Sciogliere il burro o la margarina e aggiungere il restante latte. Mescolare insieme il composto di lievito, il composto di burro, la farina, il sale e l'uovo per ottenere un impasto morbido. Impastare fino a che liscio e non più appiccicoso. Mettere in una ciotola unta d'olio, coprire con pellicola unta (involucro di plastica) e lasciare in un luogo caldo per circa 1 ora fino al raddoppio.

Impastare di nuovo l'impasto, quindi formare una pagnotta e adagiarla su una teglia unta (biscotto). Coprite con pellicola unta d'olio e lasciate lievitare in luogo tiepido per 20 minuti.

Cuocere in forno preriscaldato a 230 ° C / 450 ° F / gas mark 8 per 25 minuti fino a quando non saranno dorati e dal suono vuoto quando picchiettati sulla base.

Pane integrale

Per due pagnotte da 450 g/1 lb

15 g/½ oz di lievito fresco o 20 ml/4 cucchiaini di lievito secco

5 ml/1 cucchiaino di zucchero

300 ml/½ pt/1¼ tazze di acqua calda

550 g/1¼ lb/5 tazze di farina integrale (integrale)

5 ml/1 cucchiaino di sale

45 ml/3 cucchiai di latticello

Semi di sesamo o cumino per spolverare (facoltativo)

Frullate il lievito con lo zucchero e un po' di acqua tiepida e lasciate in un luogo tiepido per 20 minuti fino a quando non sarà spumoso. In una ciotola mettete la farina e il sale e fate una fontana al centro. Incorporare il lievito, l'acqua rimanente e il latticello. Lavorare fino ad ottenere un impasto sodo che lasci i lati della ciotola puliti, aggiungendo se necessario un po' di farina o acqua in più. Impastare su una superficie leggermente infarinata o in un robot da cucina fino a quando è elastico e non più appiccicoso. Formare l'impasto in due tortiere (teglie) unte da 450 g/1 lb, coprire con pellicola trasparente (involucro di plastica) unta e lasciar lievitare per circa 45 minuti fino a quando l'impasto non è salito appena sopra la parte superiore degli stampi.

Cospargere con semi di sesamo o cumino, se utilizzati. Cuocere in forno preriscaldato a 230°C/450°F/gas mark 8 per 15 minuti, quindi ridurre la temperatura del forno a 190°C/375°F/gas mark 5 e cuocere per altri 25 minuti fino a doratura e vuota. -suona quando viene toccato sulla base.

Pane Integrale al Miele

Per una pagnotta da 900 g/2 libbre

15 g/½ oz di lievito fresco o 20 ml/4 cucchiaini di lievito secco

450 ml/¾ pt/2 tazze di acqua calda

Set di miele da 45 ml/3 cucchiai

50 g/2 oz/¼ tazza di burro o margarina

750 g/1½ libbre/6 tazze di farina integrale (integrale)

2,5 ml/½ cucchiaino di sale

15 ml/1 cucchiaio di semi di sesamo

Frullate il lievito con un po' d'acqua e un po' di miele e lasciate in un luogo tiepido per 20 minuti fino a quando non sarà spumoso. Strofinare il burro o la margarina nella farina e nel sale, quindi unire il composto di lievito e l'acqua e il miele rimanenti fino a ottenere un impasto morbido. Impastare fino ad ottenere un composto elastico e non più appiccicoso. Mettere in una ciotola unta d'olio, coprire con pellicola unta (involucro di plastica) e lasciare in un luogo caldo per circa 1 ora fino al raddoppio.

Impastare di nuovo e formare uno stampo da plumcake da 900 g unto. Coprite con pellicola unta d'olio e lasciate lievitare per 20 minuti fino a quando l'impasto non arriva sopra la parte superiore della tortiera.

Cuocere in forno preriscaldato a 220°C/425°F/gas mark 7 per 15 minuti. Ridurre la temperatura del forno a 190°C/375°F/gas mark 5 e cuocere per altri 20 minuti fino a quando la pagnotta non sarà dorata e avrà un suono vuoto quando viene picchiettata sulla base.

Panini integrali veloci

fa 12

20 ml/4 cucchiaino di lievito secco

375 ml/13 fl oz/1½ tazze di acqua calda

50 g/2 oz/¼ tazza di zucchero di canna morbido

100 g/4 oz/1 tazza di farina integrale (integrale)

100 g/4 oz/1 tazza di farina (per tutti gli usi))

5 ml/1 cucchiaino di sale

Frullate il lievito con l'acqua e un po' di zucchero e lasciate in un luogo tiepido fino a quando non sarà spumoso. Incorporare le farine e il sale con lo zucchero rimasto e impastare fino ad ottenere un impasto morbido. Versare l'impasto negli stampini da muffin (teglie) e lasciare lievitare per 20 minuti fino a quando l'impasto non sarà salito sulla parte superiore degli stampini.

Cuocere in forno preriscaldato a 180°C/ 350°F/gas mark 4 per 30 minuti fino a quando saranno ben lievitati e dorati.

Pane Integrale con Noci

Per una pagnotta da 900 g/2 libbre

15 g/½ oz di lievito fresco o 20 ml/4 cucchiaini di lievito secco

5 ml/1 cucchiaino di zucchero di canna morbido

450 ml/¾ pt/2 tazze di acqua calda

450 g/1 lb/4 tazze di farina integrale (integrale)

175 g/6 oz/1½ tazze di farina (di pane) forte

5 ml/1 cucchiaino di sale

15 ml/1 cucchiaio di olio di noci

100 g/4 oz/1 tazza di noci, tritate grossolanamente

Frullate il lievito con lo zucchero e un po' di acqua tiepida e lasciate in un luogo tiepido per 20 minuti fino a quando non sarà spumoso. Mescolare le farine e il sale in una ciotola, aggiungere il composto di lievito, l'olio e la restante acqua tiepida e impastare fino ad ottenere un impasto sodo. Impastare fino a che liscio e non più appiccicoso. Mettere in una ciotola unta d'olio, coprire con pellicola unta (involucro di plastica) e lasciare in un luogo caldo per circa 1 ora fino al raddoppio.

Impastare di nuovo leggermente e incorporare le noci, quindi formare uno stampo da plumcake da 900 g unto, coprire con pellicola unta e lasciare in un luogo caldo per 30 minuti fino a quando l'impasto non è salito sopra la parte superiore dello stampo.

Cuocere in forno preriscaldato a 220°C/425°F/gas mark 7 per 30 minuti fino a doratura e suono vuoto quando picchiettato sulla base.

Treccia di mandorla

Per una pagnotta da 450 g/1 lb

15 g/½ oz di lievito fresco o 20 ml/4 cucchiaini di lievito secco

40 g/1½ oz/3 cucchiai di zucchero semolato (superfino)

100 ml/3½ fl oz/6½ cucchiaio di latte caldo

350 g/12 oz/3 tazze di farina (di pane) forte

2,5 ml/½ cucchiaino di sale

50 g/2 oz/¼ tazza di burro o margarina, sciolto

1 uovo

Per il ripieno e la glassa:

50 g/2 oz pasta di mandorle

45 ml/3 cucchiai di marmellata di albicocche (conserva)

50 g/2 oz/1/3 tazza di uvetta

50 g/2 oz/½ tazza di mandorle tritate

1 tuorlo d'uovo

Frullate il lievito con 5 ml/1 cucchiaino di zucchero e un po' di latte e lasciate in un luogo caldo per 20 minuti fino a quando non sarà spumoso. Mescolare la farina e il sale in una ciotola e fare una fontana al centro. Unire il composto di lievito, lo zucchero e il latte rimanenti, il burro fuso o la margarina e l'uovo e impastare fino ad ottenere un impasto liscio. Impastare fino ad ottenere un composto elastico e non più appiccicoso. Mettere in una ciotola unta d'olio, coprire con pellicola unta (involucro di plastica) e lasciare in un luogo caldo per circa 1 ora fino al raddoppio.

Stendere l'impasto su una superficie leggermente infarinata in un rettangolo di 30 x 40 cm/12 x 16. Mescolare gli ingredienti del ripieno tranne il tuorlo d'uovo e lavorare fino a che liscio, quindi stendere al centro un terzo dell'impasto. Tagliare dei tagli nei due terzi esterni della pasta dai bordi con un angolo verso il ripieno a intervalli di circa 2 cm/¾. Ripiegare le strisce alternate sinistra e destra sul ripieno e sigillare bene le estremità. Mettere su una teglia unta (biscotto), coprire e lasciare in un luogo caldo per 30 minuti fino al raddoppio. Spennellare con tuorlo d'uovo e cuocere in forno preriscaldato a 190°C/375°F/gas mark 5 per 30 minuti fino a doratura.

brioches

fa 12

15 g/½ oz di lievito fresco o 20 ml/4 cucchiaini di lievito secco

30 ml/2 cucchiai di acqua tiepida

2 uova, leggermente sbattute

225 g/8 oz/2 tazze di farina (di pane) forte

15 ml/1 cucchiaio di zucchero semolato (superfino)

2,5 ml/½ cucchiaino di sale

50 g/2 oz/¼ tazza di burro o margarina, sciolto

Mescolare insieme il lievito, l'acqua e le uova, quindi incorporare la farina, lo zucchero, il sale e il burro o la margarina e impastare fino a ottenere un impasto morbido. Impastare fino ad ottenere un composto elastico e non più appiccicoso. Mettere in una ciotola unta d'olio, coprire e lasciare in un luogo caldo per circa 1 ora fino al raddoppio.

Impastare ancora, dividere in 12 pezzi, quindi rompere una pallina da ogni pezzo. Formate delle palline con i pezzi più grandi e mettetele a 7,5 cm/3 in stampi per brioche o muffin scanalati (teglie). Premi un dito attraverso l'impasto, quindi premi le palline di pasta rimanenti sulla parte superiore. Coprire e lasciare in un luogo caldo per circa 30 minuti fino a quando l'impasto non avrà raggiunto appena sopra la parte superiore degli stampini.

Cuocere in forno preriscaldato a 230°C/450°F/gas mark 8 per 10 minuti fino a doratura.

Brioche Intrecciate

Per una pagnotta da 675 g/1½ libbre

25 g/1 oz di lievito fresco o 40 ml/2½ cucchiai di lievito secco

5 ml/1 cucchiaino di zucchero semolato (superfino)

250 ml/8 fl oz/1 tazza di latte caldo

675 g/1½ lb/6 tazze di farina (di pane) forte

5 ml/1 cucchiaino di sale

1 uovo, sbattuto

150 ml/¼ pt/2/3 tazza di acqua calda

1 tuorlo d'uovo

Frullate il lievito con lo zucchero con un po' di latte tiepido e lasciate in un luogo tiepido per 20 minuti fino a quando non sarà spumoso. Mescolare la farina e il sale e fare una fontana al centro. Aggiungere l'uovo, il composto di lievito, il restante latte caldo e acqua tiepida quanto basta per impastare fino a ottenere un impasto morbido. Impastare fino a che non diventa morbido e non più appiccicoso. Mettere in una ciotola unta d'olio, coprire con pellicola unta (involucro di plastica) e lasciare in un luogo caldo per circa 1 ora fino al raddoppio.

Lavorate leggermente l'impasto, poi dividetelo in quarti. Arrotolare tre pezzi in strisce sottili di circa 38 cm/15 di lunghezza. Inumidire un'estremità di ogni striscia e premerle insieme, quindi intrecciare le strisce, inumidire e fissare le estremità. Mettere su una teglia unta (biscotto). Dividete in tre la restante parte di pasta, stendetela in strisce di 38 cm/15 cm e intrecciate nello stesso modo per fare una treccia più sottile. Sbattere il tuorlo d'uovo con 15 ml/1 cucchiaio di acqua e spennellare la treccia grande. Premi delicatamente la treccia più piccola sopra e spennella con la glassa all'uovo. Coprite e lasciate lievitare in luogo tiepido per 40 minuti.

Cuocere in forno preriscaldato a 200°C/400°F/gas mark 6 per 45 minuti fino a doratura e suono vuoto quando picchiettato sulla base.

Brioches alle mele

fa 12

Per l'impasto:

15 g/½ oz di lievito fresco o 10 ml/2 cucchiaini di lievito secco

75 ml/5 cucchiai di latte caldo

100 g/4 oz/1 tazza di farina integrale (integrale)

350 g/12 oz/3 tazze di farina (di pane) forte

30 ml/2 cucchiai di miele chiaro

4 uova

Un pizzico di sale

200 g/7 oz/scarsa 1 tazza di burro o margarina, sciolto

Per il ripieno:

75 g di purea di mele (salsa)

25 g/1 oz/¼ tazza di pangrattato integrale (integrale)

25 g/3 oz/½ tazza di uva sultanina (uvetta dorata)

2,5 ml/½ cucchiaino di cannella in polvere

1 uovo, sbattuto

Per fare l'impasto, frullate il lievito con il latte tiepido e la farina integrale e lasciate lievitare in un luogo tiepido per 20 minuti. Aggiungere la farina 00, il miele, le uova e il sale e impastare bene. Versateci sopra il burro fuso o la margarina e continuate ad impastare fino ad ottenere un impasto elastico e liscio. Mettere in una ciotola unta d'olio, coprire con pellicola unta (involucro di plastica) e lasciare in un luogo caldo per circa 1 ora fino al raddoppio.

Mescolare tutti gli ingredienti del ripieno tranne l'uovo. Formare l'impasto in 12 pezzi, quindi togliere un terzo da ogni pezzo. Formare i pezzi più grandi per adattarli a brioche o stampini per muffin (teglie) unti. Con un dito o con il manico di una forchetta premete un grosso foro quasi fino alla base e riempite con il ripieno. Formate una palla con ciascuno dei pezzi di pasta più piccoli, inumidite la parte superiore dell'impasto e premete sul ripieno per sigillarlo nella brioche. Coprire e lasciare in un luogo caldo per 40 minuti fino quasi al raddoppio.

Spennellare con uovo sbattuto e cuocere in forno preriscaldato a 220°C/425°F/gas mark 7 per 15 minuti fino a doratura.

Brioches tofu e noci

fa 12

Per l'impasto:

15 g/½ oz di lievito fresco o 20 ml/4 cucchiaini di lievito secco

75 ml/5 cucchiai di latte caldo

100 g/4 oz/1 tazza di farina integrale (integrale)

350 g/12 oz/3 tazze di farina (di pane) forte

30 ml/2 cucchiaini di miele chiaro

4 uova

Un pizzico di sale

200 g/7 oz/scarsa 1 tazza di burro o margarina, sciolto

Per il ripieno:

50 g/2 oz/¼ tazza di tofu, a dadini

25 g/1 oz/¼ tazza di anacardi, tostati e tritati

25 g/1 oz di verdure miste tritate

½ cipolla, tritata

1 spicchio d'aglio, tritato

2,5 ml/½ cucchiaino di erbe miste essiccate

2,5 ml/½ cucchiaino di senape francese

1 uovo, sbattuto

Per fare l'impasto, frullate il lievito con il latte tiepido e la farina integrale e lasciate lievitare in un luogo tiepido per 20 minuti. Aggiungere la farina 00, il miele, le uova e il sale e impastare bene. Versateci sopra il burro fuso o la margarina e continuate ad impastare fino ad ottenere un impasto elastico e liscio. Mettere in una ciotola unta d'olio, coprire con pellicola unta (involucro di plastica) e lasciare in un luogo caldo per circa 1 ora fino al raddoppio.

Mescolare tutti gli ingredienti del ripieno tranne l'uovo. Formare l'impasto in 12 pezzi, quindi togliere un terzo da ogni pezzo. Formare i pezzi più grandi per adattarli a brioche o stampini per muffin (teglie) unti. Con un dito o con il manico di una forchetta premete un grosso foro quasi fino alla base e riempite con il ripieno. Formate una palla con ciascuno dei pezzi di pasta più piccoli, inumidite la parte superiore dell'impasto e premete sul ripieno per sigillarlo nella brioche. Coprire e lasciare in un luogo caldo per 40 minuti fino quasi al raddoppio.

Spennellare con uovo sbattuto e cuocere in forno preriscaldato a 220°C/425°F/gas mark 7 per 15 minuti fino a doratura.

Chelsea Buns

fa 9

225 g/8 oz/2 tazze di farina (di pane) forte

5 ml/1 cucchiaino di zucchero semolato (superfino)

15 g/½ oz di lievito fresco o 20 ml/4 cucchiaini di lievito secco

120 ml/4 fl oz/½ tazza di latte caldo

Un pizzico di sale

15 g/1 cucchiaio di burro o margarina

1 uovo, sbattuto

Per il ripieno:

75 g/3 oz/½ tazza di frutta secca mista (mix per torte alla frutta)

25 g/1 oz/3 cucchiai di buccia mista (candita) tritata

50 g/2 oz/¼ tazza di zucchero di canna morbido

Un po' di miele chiaro per glassare

Mescolare insieme 50 g di farina, lo zucchero semolato, il lievito e un po' di latte e lasciare in un luogo caldo per 20 minuti fino a quando non diventa spumoso. Mescolare insieme la farina e il sale rimanenti e strofinare con il burro o la margarina. Unire l'uovo, il composto di lievito e il restante latte tiepido e impastare. Impastare fino ad ottenere un composto elastico e non più appiccicoso. Mettere in una ciotola unta d'olio, coprire con pellicola unta (involucro di plastica) e lasciare in un luogo caldo per circa 1 ora fino al raddoppio.

Impastare di nuovo e stendere fino a ottenere un rettangolo di 33 x 23 cm/13 x 9 cm. Mescolare tutti gli ingredienti del ripieno tranne il miele e spalmare sull'impasto. Arrotolare da un lato lungo e sigillare il bordo con un po' d'acqua. Tagliare il rotolo in nove pezzi di uguali dimensioni e metterli in una teglia (teglia) leggermente unta. Coprire e lasciare in un luogo caldo per 30 minuti fino al raddoppio.

Cuocere in forno preriscaldato a 190°C/375°F/gas mark 5 per 25 minuti fino a doratura. Sfornare e spennellare con il miele, poi lasciar raffreddare.

Panini al caffè

fa 16

225 g/8 oz/1 tazza di burro o margarina

450 g/1 lb/4 tazze di farina integrale (integrale)

20 ml/4 cucchiaini di lievito per dolci

5 ml/1 cucchiaino di sale

225 g/8 oz/1 tazza di zucchero di canna morbido

2 uova, leggermente sbattute

100 g/4 oz/2/3 tazza di ribes

5 ml/1 cucchiaino di caffè istantaneo in polvere

15 ml/1 cucchiaio di acqua calda

75 ml/5 cucchiai di miele chiaro

Strofinare il burro o la margarina nella farina, nel lievito e nel sale fino a ottenere un composto simile al pangrattato. Incorporare lo zucchero. Sbattere le uova per ottenere un impasto morbido ma non appiccicoso, quindi incorporare i ribes. Sciogliere la polvere di caffè nell'acqua calda e aggiungere all'impasto. Formare 16 palline appiattite e disporle, ben distanziate, su una teglia unta (biscotto). Premi un dito al centro di ogni panino e aggiungi un cucchiaino di miele. Cuocere in forno preriscaldato a 220°C/425°F/gas mark 7 per 10 minuti fino a quando non sarà chiaro e dorato.

Pane Crème Fraîche

Per due pagnotte da 450 g/1 lb

25 g/1 oz di lievito fresco o 40 ml/2½ cucchiai di lievito secco

75 g/3 oz/1/3 tazza di zucchero di canna morbido

60 ml/4 cucchiai di acqua tiepida

60 ml/4 cucchiai di crème fraîche, a temperatura ambiente

350 g/12 oz/3 tazze di farina normale (per tutti gli usi)

5 ml/1 cucchiaino di sale

Un pizzico di noce moscata grattugiata

3 uova

50 g/2 oz/¼ tazza di burro o margarina

Un po' di latte e zucchero per la glassa

Mescolare il lievito con 5 ml/1 cucchiaino di zucchero e l'acqua tiepida e lasciare in un luogo caldo per 20 minuti fino a quando non diventa spumoso. Mescolare la crème fraîche nel lievito. In una ciotola mettete la farina, il sale e la noce moscata e fate una fontana al centro. Unire il composto di lievito, le uova e il burro e lavorare fino ad ottenere un impasto morbido. Impastare fino a che liscio ed elastico. Mettere in una ciotola unta d'olio, coprire con pellicola unta (involucro di plastica) e lasciare in un luogo caldo per circa 1 ora fino al raddoppio.

Impastare nuovamente l'impasto, quindi formare due stampi da plumcake (teglie) da 450 g/1 libbra. Coprire e lasciare in un luogo caldo per 35 minuti fino al raddoppio.

Spennellare la superficie delle pagnotte con un po' di latte, quindi cospargere di zucchero. Cuocere in forno preriscaldato a 180°C/350°F/gas mark 4 per 30 minuti. Lasciare raffreddare nello stampo per 10 minuti, quindi capovolgere su una gratella per completare il raffreddamento.

Cornetti

fa 12

25 g/1 oz/2 cucchiai di strutto (grasso)

450 g/1 lb/4 tazze di farina (di pane) forte

2,5 ml/½ cucchiaino di zucchero semolato (superfino)

10 ml/2 cucchiaini di sale

25 g/1 oz di lievito fresco o 40 ml/2½ cucchiai di lievito secco

250 ml/8 fl oz/1 tazza di acqua calda

2 uova, leggermente sbattute

100 g/4 oz/½ tazza di burro o margarina, a dadini

Strofinare lo strutto nella farina, nello zucchero e nel sale fino ad ottenere un composto simile al pangrattato, quindi fare un buco al centro. Mescolare il lievito con l'acqua e unirlo alla farina con una delle uova. Lavorate il composto fino ad ottenere un impasto morbido che lasci i lati della ciotola puliti. Rovesciare su una superficie leggermente infarinata e impastare fino a che liscio e non più appiccicoso. Stendere l'impasto in una striscia di 20 x 50 cm/8 x 20. Ungere i due terzi superiori dell'impasto con un terzo del burro o della margarina, lasciando uno spazio sottile intorno al bordo. Ripiegare la parte non imburrata dell'impasto sul terzo successivo, quindi ripiegare sopra il terzo superiore. Premi i bordi insieme per sigillare e dai all'impasto un quarto di giro in modo che il bordo piegato sia alla tua sinistra. Ripetere il procedimento con il terzo successivo del burro o della margarina, piegare e ripetere ancora una volta in modo da aver utilizzato tutto il grasso. Mettere l'impasto piegato in un sacchetto di polietilene oliato e raffreddare per 30 minuti.

Arrotolare, piegare e girare ancora tre volte l'impasto senza aggiungere altro grasso. Rimettete nella busta e lasciate raffreddare per 30 minuti.

Stendere l'impasto in un rettangolo di 40 x 38 cm/16 x 15, tagliare i bordi e tagliare in 12 triangoli da 15 cm/6. Spennellare i triangoli con un piccolo uovo sbattuto e arrotolarli dalla base, quindi curvarli a mezzaluna e disporli, ben distanziati, su una teglia unta (biscotto). Spennellare la superficie con l'uovo, coprire e lasciare in un luogo caldo per circa 30 minuti.

Spennellare nuovamente le parti superiori con l'uovo, quindi cuocere in forno preriscaldato a 230 ° C / 425° F / gas mark 7 per 15-20 minuti fino a quando non diventa dorato e gonfio.

Croissant integrali al Sultana

fa 12

25 g/1 oz/2 cucchiai di strutto (grasso)

225 g/8 oz/2 tazze di farina (di pane) forte

225 g/8 oz/2 tazze di farina integrale (integrale)

10 ml/2 cucchiaini di sale

25 g/1 oz di lievito fresco o 40 ml/2½ cucchiai di lievito secco

300 ml/½ pt/1¼ tazze di acqua calda

2 uova, leggermente sbattute

100 g/4 oz/½ tazza di burro o margarina, a dadini

45 ml/3 cucchiai di uva sultanina (uvetta dorata)

2,5 ml/½ cucchiaino di zucchero semolato (superfino)

Strofinare lo strutto nella farina e nel sale fino ad ottenere un composto simile al pangrattato, quindi fare un buco al centro. Mescolare il lievito con l'acqua e unirlo alla farina con una delle uova. Lavorate il composto fino ad ottenere un impasto morbido che lasci i lati della ciotola puliti. Rovesciare su una superficie leggermente infarinata e impastare fino a che liscio e non più appiccicoso. Stendere l'impasto in una striscia di 20 x 50 cm/8 x 20. Ungere i due terzi superiori dell'impasto con un terzo del burro o della margarina, lasciando uno spazio sottile intorno al bordo. Ripiegare la parte non imburrata dell'impasto sul terzo successivo, quindi ripiegare sopra il terzo superiore. Premi i bordi insieme per sigillare e dai all'impasto un quarto di giro in modo che il bordo piegato sia alla tua sinistra. Ripetere il procedimento con il terzo successivo del burro o della margarina, piegare e ripetere ancora una volta in modo da aver utilizzato tutto il grasso. Mettere l'impasto piegato in un sacchetto di polietilene oliato e raffreddare per 30 minuti.

Arrotolare, piegare e girare ancora tre volte l'impasto senza aggiungere altro grasso. Rimettete nella busta e lasciate raffreddare per 30 minuti.

Stendere l'impasto in un rettangolo di 40 x 38 cm/16 x 15, tagliare i bordi e tagliare in dodici triangoli di 15 cm/6. Spennellare i triangoli con un piccolo uovo sbattuto, cospargere con uva sultanina e zucchero e arrotolare dalla base, quindi curvare a forma di mezzaluna e disporli ben distanziati su una teglia unta. Spennellare la superficie con l'uovo, coprire e lasciare in un luogo caldo per 30 minuti.

Spennellare nuovamente le parti superiori con l'uovo, quindi cuocere in forno preriscaldato a 230 ° C / 425° F / gas mark 7 per 15-20 minuti fino a quando non diventa dorato e gonfio.

Torta alle noci

Per una pagnotta da 450 g/1 lb

Per l'impasto:

15 g/½ oz di lievito fresco o 20 ml/4 cucchiaini di lievito secco

40 g/1½ oz/3 cucchiai di zucchero semolato (superfino)

100 ml/3½ fl oz/6 ½ cucchiaio di latte caldo

350 g/12 oz/3 tazze di farina (di pane) forte

2,5 ml/½ cucchiaino di sale

50 g/2 oz/¼ tazza di burro o margarina, sciolto

1 uovo

Per il ripieno e la glassa:

100 g/4 oz/1 tazza di mandorle tritate

2 albumi d'uovo

50 g/2 oz/¼ tazza di zucchero semolato (superfino)

2,5 ml/½ cucchiaino di cannella in polvere

100 g/4 oz/1 tazza di nocciole macinate

1 tuorlo d'uovo

Per preparare l'impasto, frullare il lievito con 5 ml/1 cucchiaino di zucchero e un po' di latte e lasciare in un luogo caldo per 20 minuti fino a quando non diventa spumoso. Mescolare la farina e il sale in una ciotola e fare una fontana al centro. Unire il composto di lievito, lo zucchero e il latte rimanenti, il burro fuso o la margarina e l'uovo e impastare fino ad ottenere un impasto liscio. Impastare fino ad ottenere un composto elastico e non più appiccicoso. Mettere in una ciotola unta d'olio, coprire con pellicola unta (involucro di plastica) e lasciare in un luogo caldo per circa 1 ora fino al raddoppio.

Stendere l'impasto su una superficie leggermente infarinata in un rettangolo di 30 x 40 cm/12 x 16. Mescolare gli ingredienti del ripieno, tranne il tuorlo d'uovo, fino a ottenere una pasta liscia, quindi stenderla sull'impasto, appena prima dei bordi. Spennellare i bordi con un po' di tuorlo d'uovo, quindi arrotolare la pasta dal lato lungo. Tagliare l'impasto esattamente a metà per il lungo, quindi attorcigliare i due pezzi, sigillando le estremità. Mettere su una teglia unta (biscotto), coprire e lasciare in un luogo caldo per 30 minuti fino al raddoppio. Spennellare con tuorlo d'uovo e cuocere in forno preriscaldato a 190°C/375°F/gas mark 5 per 30 minuti fino a doratura.

Panini all'arancia

fa 24

Per l'impasto:

25 g/1 oz di lievito fresco o 40 ml/2½ cucchiai di lievito secco

120 ml/4 fl oz/½ tazza di acqua calda

75 g/3 oz/1/3 tazza di zucchero semolato (superfino)

100 g/4 oz/½ tazza di strutto (grasso), a dadini

5 ml/1 cucchiaino di sale

250 ml/8 fl oz/1 tazza di latte caldo

60 ml/4 cucchiai di succo d'arancia

30 ml/2 cucchiai di scorza d'arancia grattugiata

2 uova, sbattute

675 g/1½ lb/6 tazze di farina (di pane) forte

Per la glassa (glassa):

250 g/9 oz/1½ tazze di zucchero a velo (confettieri)

5 ml/1 cucchiaino di scorza d'arancia grattugiata

30 ml/2 cucchiai di succo d'arancia

Per preparare l'impasto, sciogliere il lievito nell'acqua tiepida con 5 ml/1 cucchiaino di zucchero e lasciare fino a quando non diventa spumoso. Mescolare lo strutto con lo zucchero rimasto e il sale. Incorporare il latte, il succo d'arancia, la scorza e le uova, quindi incorporare il composto di lievito. Aggiungere gradualmente la farina e impastare fino ad ottenere un impasto sodo. Impastare bene. Mettere in una ciotola unta, coprire con pellicola unta d'olio (involucro di plastica) e lasciare in un luogo caldo per circa 1 ora fino al raddoppio.

Stendere a uno spessore di circa 2 cm/¾ e tagliare a rondelle con un coppapasta (biscotto). Mettere un po' a parte su una teglia unta (biscotto) e lasciare in un luogo caldo 25 minuti. Lasciare raffreddare.

Per preparare la glassa, mettete lo zucchero in una ciotola e unite la scorza d'arancia. Incorporate gradualmente il succo d'arancia fino ad ottenere una glassa soda. Distribuire sui panini una volta freddi e lasciar rapprendere.

Pan al cioccolato

fa 12

25 g/1 oz/2 cucchiai di strutto (grasso)

450 g/1 lb/4 tazze di farina (di pane) forte

2,5 ml/½ cucchiaino di zucchero semolato (superfino)

10 ml/2 cucchiaini di sale

25 g/1 oz di lievito fresco o 40 ml/2½ cucchiai di lievito secco

250 ml/8 fl oz/1 tazza di acqua calda

2 uova, leggermente sbattute

100 g/4 oz/½ tazza di burro o margarina, a dadini

100 g/4 oz/1 tazza di cioccolato fondente (semidolce), spezzato in 12 pezzi

Strofinare lo strutto nella farina, nello zucchero e nel sale fino ad ottenere un composto simile al pangrattato, quindi fare un buco al centro. Mescolare il lievito con l'acqua e unirlo alla farina con una delle uova. Lavorate il composto fino ad ottenere un impasto morbido che lasci i lati della ciotola puliti. Rovesciare su una superficie leggermente infarinata e impastare fino a che liscio e non più appiccicoso. Stendere l'impasto in una striscia di 20 x 50 cm/8 x 20. Ungere i due terzi superiori dell'impasto con un terzo del burro o della margarina, lasciando uno spazio sottile intorno al bordo. Piegare la parte non imburrata dell'impasto sul terzo successivo, quindi piegare il terzo superiore verso il basso, premere i bordi per sigillare e dare all'impasto un quarto di giro in modo che il bordo piegato sia alla tua sinistra. Ripetere il procedimento con il terzo successivo del burro o della margarina, piegare e ripetere ancora una volta in modo da aver utilizzato tutto il grasso. Mettere l'impasto piegato in un sacchetto di polietilene oliato e raffreddare per 30 minuti.

Arrotolare, piegare e girare ancora tre volte l'impasto senza aggiungere altro grasso. Rimettete nella busta e lasciate raffreddare per 30 minuti.

Dividere l'impasto in 12 pezzi e stendere in rettangoli di circa 5 cm/2 di larghezza e 5 mm/¼ di spessore. Adagiate al centro di ognuna un pezzetto di cioccolato e arrotolate, racchiudendo il cioccolato. Mettere bene a parte su una teglia unta (biscotto). Spennellare la superficie con l'uovo, coprire e lasciare in un luogo caldo per 30 minuti.

Spennellare nuovamente le parti superiori con l'uovo, quindi cuocere in forno preriscaldato a 230 ° C / 425° F / gas mark 7 per 15-20 minuti fino a quando non diventa dorato e gonfio.

Pandolce

Per due pagnotte da 675 g/1½ libbre

175 g/6 oz/1 tazza di uvetta

45 ml/3 cucchiai di Marsala o sherry dolce

25 g/1 oncia di lievito fresco o 40 ml/2½ cucchiaio di lievito secco

175 g/6 oz/¾ tazza di zucchero semolato (superfino)

400 ml/14 fl oz/1¾ tazze di latte caldo

900 g/2 libbre/8 tazze di farina normale (per tutti gli usi))

Un pizzico di sale

45 ml/3 cucchiai di acqua di fiori d'arancio

75 g/3 oz/1/3 tazza di burro o margarina, sciolto

50 g/2 oz/½ tazza di pinoli

50 g/2 oz/½ tazza di pistacchi

10 ml/2 cucchiaini di semi di finocchio tritati

50 g/2 oz/1/3 tazza di scorza di limone cristallizzata (candita), tritata

Buccia grattugiata di 1 arancia

Mescolare l'uvetta e il Marsala e lasciar macerare. Frullare il lievito con 5 ml/1 cucchiaino di zucchero e un po' di latte tiepido e lasciare in un luogo tiepido per 20 minuti fino a quando non diventa spumoso. Mescolate in una ciotola la farina, il sale e lo zucchero rimasto e fate una fontana al centro. Incorporate il composto di lievito, il restante latte tiepido e l'acqua di fiori d'arancio. Aggiungere il burro fuso o la margarina e impastare fino ad ottenere un impasto morbido. Impastare su un piano leggermente infarinato fino a quando non sarà elastico e non più appiccicoso. Mettere in una ciotola unta d'olio, coprire con pellicola unta (involucro di plastica) e lasciare in un luogo caldo per circa 1 ora fino al raddoppio.

Stendete o stendete l'impasto su una superficie leggermente infarinata ad uno spessore di circa 1 cm/½. Cospargere con l'uvetta, le noci, i semi di finocchio, le scorze di limone e arancia. Arrotolare la pasta, quindi premere o stendere e arrotolare di nuovo. Formare un cerchio e posizionarlo su una teglia unta (biscotto). Coprite con pellicola unta d'olio e lasciate in un luogo tiepido per circa 1 ora fino al raddoppio.

Fare un taglio triangolare sulla parte superiore della pagnotta, quindi cuocere in forno preriscaldato a 190°C/375°F/gas mark 5 per 20 minuti. Riduci la temperatura del forno a 160°C/325°F/gas mark 3 e cuoci per un'altra ora fino a doratura e suono vuoto quando picchiettato sulla base.

Panettone

Fa una torta di 23 cm/9

40 g/1½ oz di lievito fresco o 60 ml/4 cucchiai di lievito secco

150 g/5 oz/2/3 tazza di zucchero semolato (superfino)

300 ml/½ pt/1¼ tazze di latte caldo

225 g/8 oz/1 tazza di burro o margarina, sciolto

5 ml/1 cucchiaino di sale

Buccia grattugiata di 1 limone

Un pizzico di noce moscata grattugiata

6 tuorli d'uovo

675 g/1½ lb/6 tazze di farina (di pane) forte

175 g/6 oz/1 tazza di uvetta

175 g/6 oz/1 tazza di scorze miste (candite) tritate

75 g/3 oz/¼ tazza di mandorle, tritate

Frullare il lievito con 5 ml/1 cucchiaino di zucchero con un po' di latte tiepido e lasciare in un luogo tiepido per 20 minuti fino a quando non diventa spumoso. Mescolare il burro fuso con lo zucchero rimasto, il sale, la scorza di limone, la noce moscata ei tuorli d'uovo. Mescolare il composto nella farina con il composto di lievito e impastare fino ad ottenere un impasto liscio. Impastare fino a quando non è più appiccicoso. Mettere in una ciotola unta d'olio, coprire con pellicola unta d'olio (involucro di plastica) e lasciare in un luogo caldo per 20 minuti. Mescolare insieme l'uvetta, la buccia mista e le mandorle e lavorare l'impasto. Coprire di nuovo e lasciare in un luogo caldo per altri 30 minuti.

Lavorare leggermente l'impasto, quindi formare una tortiera (stampo) da 23 cm/9 imburrata e foderata. Coprire e lasciare in un luogo caldo per 30 minuti fino a quando l'impasto si alza ben al di sopra della parte superiore dello stampo. Cuocere in forno preriscaldato a 190°C/375°F/gas mark 5 per 1 ora e mezza finché uno stecchino inserito al centro non esce pulito.

Pagnotta di mele e datteri

Per una pagnotta da 900 g/2 libbre

350 g/12 oz/3 tazze di farina autolievitante (autolievitante)

50 g/2 oz/¼ tazza di zucchero di canna morbido

5 ml/1 cucchiaino di spezie miste (torta di mele)

5 ml/1 cucchiaino di cannella in polvere

2,5 ml/½ cucchiaino di noce moscata grattugiata

Un pizzico di sale

1 mela grande da cucina (crostata), sbucciata, privata del torsolo e tritata

175 g/6 oz/1 tazza di datteri snocciolati (snocciolati), tritati

Buccia grattugiata di ½ limone

2 uova, leggermente sbattute

150 ml/¼ pt/2/3 tazza di yogurt bianco

Mescolare gli ingredienti secchi, quindi incorporare la mela, i datteri e la scorza di limone. Fare un buco al centro, aggiungere le uova e lo yogurt e impastare gradualmente. Rovesciare su una superficie leggermente infarinata e formare uno stampo da plumcake imburrato e infarinato da 900 g. Cuocere in forno preriscaldato a 160°C/325°F/gas mark 3 per 1 ora e mezza finché non saranno ben lievitati e dorati. Lasciare raffreddare nello stampo per 5 minuti, quindi capovolgere su una gratella per completare il raffreddamento.

Pane Mela e Sultanina

Per tre pagnotte da 350 g/12 oz

25 g/1 oncia di lievito fresco o 40 ml/2½ cucchiaio di lievito secco

10 ml/2 cucchiaini di estratto di malto

375 ml/13 fl oz/1½ tazze di acqua calda

450 g/1 lb/4 tazze di farina integrale (integrale)

5 ml/1 cucchiaino di farina di soia

50 g/2 oz/½ tazza di fiocchi d'avena

2,5 ml/½ cucchiaino di sale

25 g/1 oz/2 cucchiai di zucchero di canna morbido

15 ml/1 cucchiaio di strutto (grasso)

225 g/8 oz di mele da cucina (crostate), sbucciate, private del torsolo e tritate

400 g/14 oz/21/3 tazze di uva sultanina (uvetta dorata)

2,5 ml/½ cucchiaino di cannella in polvere

1 uovo, sbattuto

Frullate il lievito con l'estratto di malto e un po' di acqua tiepida e lasciate in un luogo tiepido fino a quando non sarà spumoso. Mescolare la farina, l'avena, il sale e lo zucchero, unire lo strutto e fare un buco al centro. Unire il composto di lievito e l'acqua tiepida rimanente e impastare fino ad ottenere un impasto liscio. Unire le mele, l'uva sultanina e la cannella. Impastare fino ad ottenere un composto elastico e non più appiccicoso. Mettere l'impasto in una ciotola unta d'olio e coprire con pellicola unta (involucro di plastica). Lasciare in un luogo caldo per 1 ora fino al raddoppio.

Impastare leggermente l'impasto, quindi formare tre dischi e appiattire leggermente, quindi posizionare su una teglia unta (biscotto). Spennellare le parti superiori con l'uovo sbattuto e cuocere in forno preriscaldato a 230 ° C / 450 ° F / gas mark 8 per 35 minuti fino a quando non saranno ben lievitati e avranno un suono vuoto quando battuti sulla base.

Sorprese di mele e cannella

fa 10

Per l'impasto:

25 g/1 oncia di lievito fresco o 40 ml/2½ cucchiaio di lievito secco

75 g/3 oz/1/3 tazza di zucchero di canna morbido

300 ml/½ pt/1¼ tazze di acqua calda

450 g/1 lb/4 tazze di farina integrale (integrale)

2,5 ml/½ cucchiaino di sale

25 g/1 oz/¼ tazza di latte in polvere (latte in polvere scremato)

5 ml/1 cucchiaino di spezie miste (torta di mele) macinate

5 ml/1 cucchiaino di cannella in polvere

75 g/3 oz/1/3 tazza di burro o margarina

15 ml/1 cucchiaio di scorza d'arancia grattugiata

1 uovo

Per il ripieno:

450 g di mele da cucina (crostate), sbucciate, private del torsolo e tritate grossolanamente

75 g/3 oz/½ tazza di uva sultanina (uvetta dorata)

5 ml/1 cucchiaino di cannella in polvere

Per la glassa:

15 ml/1 cucchiaio di miele chiaro

30 ml/2 cucchiai di zucchero semolato (superfino)

Per fare l'impasto, frullare il lievito con un po' di zucchero e un po' di acqua tiepida e lasciare in un luogo tiepido per 20 minuti fino a quando non diventa spumoso. Mescolare insieme la farina, il sale, il latte in polvere e le spezie. Strofinare il burro o la margarina, quindi incorporare la scorza d'arancia e fare un buco al centro. Aggiungere il composto di lievito, l'acqua tiepida rimanente e l'uovo e impastare fino ad ottenere un impasto liscio. Mettere in una ciotola unta d'olio, coprire con pellicola unta d'olio (involucro di plastica) e lasciare in un luogo caldo per 1 ora fino al raddoppio.

Per fare il ripieno, cuocere le mele e l'uva sultanina in una padella con la cannella e un po' d'acqua fino a renderle morbide e frullate.

Formate 10 rotoli con l'impasto, premete il dito al centro e versateci un po' di ripieno, quindi chiudete l'impasto attorno al ripieno. Disporre su una teglia unta (biscotto), coprire con pellicola unta e lasciare in un luogo caldo per 40 minuti. Cuocere in forno preriscaldato a 230 °C/450 °F/gas mark 8 per 15 minuti fino a quando non saranno ben lievitati. Spennellare con il miele, cospargere con lo zucchero e lasciar raffreddare.

Pane al tè all'albicocca

Per una pagnotta da 900 g/2 libbre

225 g/8 oz/2 tazze di farina autolievitante (autolievitante)

100 g/4 oz/2/3 tazza di albicocche secche

50 g/2 oz/½ tazza di mandorle, tritate

50 g/2 oz/¼ tazza di zucchero di canna morbido

50 g/2 oz/¼ tazza di burro o margarina

100 g/4 oz/1/3 tazza di sciroppo d'oro (mais chiaro)

1 uovo

75 ml/5 cucchiai di latte

Mettere a bagno le albicocche in acqua calda per 1 ora, poi scolarle e tritarle.

Mescolare la farina, le albicocche, le mandorle e lo zucchero. Sciogliere il burro o la margarina e lo sciroppo. Aggiungere agli ingredienti secchi con l'uovo e il latte. Versare in uno stampo da plumcake imburrato e foderato da 900 g/2 lb (teglia) e cuocere in forno preriscaldato a 180°C/350°F/gas mark 4 per 1 ora fino a doratura e soda al tatto.

Pagnotta Albicocca e Arancia

Per una pagnotta da 900 g/2 libbre

175 g/6 oz/1 tazza di albicocche secche che non devono essere ammollate, tritate

150 ml/¼ pt/2/3 tazza di succo d'arancia

400 g/14 oz/3½ tazze di farina (per tutti gli usi)

175 g/6 oz/¾ tazza di zucchero semolato (superfino)

100 g/4 oz/2/3 tazza di uvetta

7,5 ml/1½ cucchiaino di lievito in polvere

2,5 ml/½ cucchiaino di bicarbonato di sodio (bicarbonato di sodio)

2,5 ml/½ cucchiaino di sale

Buccia grattugiata di 1 arancia

1 uovo, leggermente sbattuto

25 g/1 oz/2 cucchiai di burro o margarina, sciolto

Immergere le albicocche nel succo d'arancia. Mettere gli ingredienti secchi e la scorza d'arancia in una ciotola e fare un buco al centro. Unire le albicocche e il succo d'arancia, l'uovo e il burro fuso o la margarina e lavorare fino ad ottenere un composto compatto. Versare in uno stampo da plumcake imburrato e foderato da 900 g/2 lb (teglia) e cuocere in forno preriscaldato a 180°C/350°F/gas mark 4 per 1 ora fino a quando saranno dorati e sodi al tatto.

Sformato di Albicocche e Noci

Per una pagnotta da 900 g/2 libbre

15 g/½ oz di lievito fresco o 20 ml/4 cucchiaini di lievito secco

30 ml/2 cucchiai di miele chiaro

300 ml/½ pt/1¼ tazze di acqua calda

25 g/1 oz/2 cucchiai di burro o margarina

225 g/8 oz/2 tazze di farina integrale (integrale)

225 g/8 oz/2 tazze di farina normale (per tutti gli usi)

5 ml/1 cucchiaino di sale

75 g/3 oz/¾ tazza di noci, tritate

175 g/6 oz/1 tazza di albicocche secche pronte, tritate

Frullate il lievito con un po' di miele e un po' d'acqua e lasciate in un luogo tiepido per 20 minuti fino a quando non sarà spumoso. Strofinare il burro o la margarina nelle farine e nel sale e fare un pozzo al centro. Mescolare la miscela di lievito e il restante miele e acqua e mescolare fino a ottenere un impasto. Unire le noci e le albicocche e impastare fino a ottenere un composto liscio e non più appiccicoso. Mettere in una ciotola unta d'olio, coprire e lasciare in un luogo caldo per 1 ora fino al raddoppio.

Riprendere l'impasto e formare uno stampo da plumcake da 900 g unto. Coprire con pellicola unta (involucro di plastica) e lasciare in un luogo caldo per circa 20 minuti fino a quando l'impasto non è salito appena sopra la parte superiore della tortiera. Cuocere in forno preriscaldato a 220°C/425°F/gas mark 7 per 30 minuti fino a doratura e suono vuoto quando picchiettato sulla base.

Corona d'autunno

Fa una grande pagnotta ad anello

Per l'impasto:

450 g/1 lb/4 tazze di farina integrale (integrale)

20 ml/4 cucchiaini di lievito per dolci

75 g/3 oz/1/3 tazza di zucchero di canna morbido

5 ml/1 cucchiaino di sale

2,5 ml/½ cucchiaino di macis macinato

75 g/3 oz/1/3 tazza di grasso vegetale (accorciamento)

3 albumi d'uovo

300 ml/½ pt/1¼ tazze di latte

Per il ripieno:

175 g/6 oz/1½ tazze di pangrattato integrale (integrale)

50 g/2 oz/½ tazza di nocciole o mandorle macinate

50 g/2 oz/¼ tazza di zucchero di canna morbido

75 g/3 oz/½ tazza di zenzero cristallizzato (candito), tritato

30 ml/2 cucchiai di rum o brandy

1 uovo, leggermente sbattuto

Per glassare:

15 ml/1 cucchiaio di miele

Per preparare l'impasto, mescolare gli ingredienti secchi e strofinare il grasso. Mescolare gli albumi e il latte e unire al composto fino a ottenere un impasto morbido e malleabile.

Mescolare gli ingredienti del ripieno, utilizzando quanto basta dell'uovo per ottenere una consistenza spalmabile. Stendere l'impasto su una superficie leggermente infarinata in un rettangolo di 20 x 30 cm/8 x 10. Distribuire il ripieno su tutto tranne i 2,5 cm superiori lungo il bordo lungo. Arrotolare dal bordo opposto, come un rotolo svizzero (gelatina), e inumidire la striscia di pasta liscia per sigillare. Inumidire ciascuna estremità e modellare il rotolo in un cerchio, sigillando le estremità insieme. Con le forbici affilate, praticate dei piccoli tagli intorno alla parte superiore per la decorazione. Mettere su una teglia unta (biscotto) e spennellare con l'uovo rimanente. Lasciare riposare per 15 minuti.

Cuocere in forno preriscaldato a 230 °C/450 °F/gas mark 8 per 25 minuti fino a doratura. Spennellare con il miele e lasciar raffreddare.

Pandolce di banana

Per una pagnotta da 900 g/2 libbre

75 g/3 oz/1/3 tazza di burro o margarina, ammorbidito

175 g/6 oz/2/3 tazza di zucchero semolato (superfino)

2 uova, leggermente sbattute

450 g di banane mature, schiacciate

200 g/7 oz/1¾ tazza di farina autolievitante (autolievitante)

75 g/3 oz/¾ tazza di noci, tritate

100 g/4 oz/2/3 tazza di uva sultanina (uvetta dorata)

50 g/2 oz/½ tazza di ciliegie glacé (candite)

2,5 ml/½ cucchiaino di bicarbonato di sodio (bicarbonato di sodio)

Un pizzico di sale

Montare il burro o la margarina e lo zucchero fino a ottenere un composto chiaro e spumoso. Sbattere gradualmente le uova, quindi incorporare le banane. Mescolare gli altri ingredienti fino a quando non sono ben amalgamati. Versare in uno stampo da plumcake imburrato e foderato da 900 g/2 lb (teglia) e cuocere in forno preriscaldato a 180°C/350°C/gas mark 4 per 1¼ ore fino a quando non sarà ben lievitato e sodo al tatto.

Pane integrale alla banana

Per una pagnotta da 900 g/2 libbre

100 g/4 oz/½ tazza di burro o margarina, ammorbidito

50 g/2 oz/¼ tazza di zucchero di canna morbido

2 uova, leggermente sbattute

3 banane, schiacciate

175 g/6 oz/1½ tazze di farina integrale (integrale)

100 g/4 oz/1 tazza di farina d'avena

5 ml/1 cucchiaino di lievito per dolci

5 ml/1 cucchiaino di spezie miste (torta di mele) macinate

30 ml/2 cucchiai di latte

Montare il burro o la margarina e lo zucchero fino a ottenere un composto chiaro e spumoso. Sbattere gradualmente le uova, incorporare le banane, quindi incorporare le farine, il lievito e le spezie miste. Aggiungere abbastanza latte per ottenere un composto morbido. Versare in uno stampo da plumcake da 900 g unto e infarinato (tegame) e livellare la superficie. Cuocere in forno preriscaldato a 190°C/375°F/gas mark 5 fino a quando non saranno ben lievitati e dorati.

Pane alle banane e noci

Per una pagnotta da 900 g/2 libbre

50 g/2 oz/¼ tazza di burro o margarina

225 g/8 oz/2 tazze di farina autolievitante (autolievitante)

50 g/2 oz/¼ tazza di zucchero semolato (superfino)

50 g/2 oz/½ tazza di noci miste tritate

1 uovo, leggermente sbattuto

75 g/3 oz/1/3 tazza di sciroppo d'oro (mais chiaro)

2 banane, schiacciate

15 ml/1 cucchiaio di latte

Strofinare il burro o la margarina nella farina, quindi incorporare lo zucchero e le noci. Incorporare l'uovo, lo sciroppo e le banane e il latte quanto basta per ottenere un composto morbido. Versare in uno stampo da plumcake imburrato e foderato da 900 g/2 lb (teglia) e cuocere in forno preriscaldato a 180°C/350°F/gas mark 4 per circa 1 ora fino a quando non sarà ben fermo e dorato. Conservare per 24 ore prima di servire affettato e imburrato.

Bara brith

Per tre pagnotte da 450 g/1 lb

450 g/1 lb/2¾ tazze di frutta mista secca (mix di torte alla frutta)

250 ml/8 fl oz/1 tazza di tè freddo forte

30 ml/2 cucchiai di lievito secco

175 g/6 oz/¾ tazza di zucchero di canna morbido

250 g/12 oz/3 tazze di farina integrale (integrale)

350 g/12 oz/3 tazze di farina (di pane) forte

10 ml/2 cucchiaini di spezie miste (torta di mele) macinate

100 g/4 oz/½ tazza di burro o margarina, sciolto

2 uova, sbattute

2,5 ml/½ cucchiaino di sale

15 ml/1 cucchiaio di miele chiaro

Mettere a bagno la frutta nel tè per 2 ore. Scaldare 30 ml/2 cucchiai di tè e mescolare con il lievito e 5 ml/1 cucchiaino di zucchero. Lasciare in un luogo caldo fino a quando non diventa schiumoso. Mescolare gli ingredienti secchi, quindi incorporare il composto di lievito e tutti gli altri ingredienti tranne il miele e impastare. Rovesciare su una superficie leggermente infarinata e impastare delicatamente fino a ottenere un composto liscio ed elastico. Dividere tra tre stampi da plumcake (teglie) da 450 g unti e foderati. Coprire con pellicola unta (involucro di plastica) e lasciare in un luogo caldo per 1 ora fino a quando l'impasto non sarà salito sopra la parte superiore degli stampini.

Cuocere in forno preriscaldato a 200°C/400°F/gas mark 6 per 15 minuti, quindi ridurre la temperatura del forno a 180°C/350°F/gas mark 4 per altri 45 minuti fino a quando diventano dorati e soffici quando toccato alla base. Scaldare il miele e spennellare la superficie delle pagnotte calde.

Pagnotta Ciliegie e Miele

Per una pagnotta da 900 g/2 libbre

175 g/6 oz/¾ tazza di burro o margarina, ammorbidito

75 g/3 oz/1/3 tazza di zucchero di canna morbido

60 ml/4 cucchiai di miele chiaro

2 uova, sbattute

100 g/4 oz/2 tazze di farina integrale (integrale)

10 ml/2 cucchiaini di lievito per dolci

100 g/4 oz/½ tazza di ciliegie glacé (candite), tritate

45 ml/3 cucchiai di latte

Montare il burro o la margarina, lo zucchero e il miele fino a ottenere un composto chiaro e spumoso. Incorporare gradualmente le uova, sbattendo bene dopo ogni aggiunta. Unire gli altri ingredienti per ottenere un composto morbido. Versare in uno stampo da plumcake imburrato e foderato da 900 g/2 lb (teglia) e cuocere in forno preriscaldato a 180°C/350°F/gas mark 4 per 1 ora fino a quando uno stecchino inserito al centro non esce pulito. Servire affettato e imburrato.

Involtini cannella e noce moscata

fa 24

15 ml/1 cucchiaio di lievito secco

120 ml/4 fl oz/½ tazza di latte, bollito

50 g/2 oz/¼ tazza di zucchero semolato (superfino)

50 g/2 oz/¼ tazza di strutto (accorciamento)

5 ml/1 cucchiaino di sale

120 ml/4 fl oz/½ tazza di acqua calda

2,5 ml/½ cucchiaino di noce moscata grattugiata

1 uovo, sbattuto

400 g/14 oz/3½ tazze di farina (di pane) forte

45 ml/3 cucchiai di burro o margarina, sciolto

175 g/6 oz/¾ tazza di zucchero di canna morbido

10 ml/2 cucchiaini di cannella in polvere

75 g/3 oz/½ tazza di uvetta

Sciogliere il lievito nel latte tiepido con un cucchiaino di zucchero semolato e lasciare fino a che non diventa spumoso. Mescolare lo zucchero semolato rimasto, lo strutto e il sale. Versare l'acqua e mescolare fino a quando non si sarà amalgamato. Incorporare il composto di lievito, quindi aggiungere gradualmente la noce moscata, l'uovo e la farina. Impastare fino ad ottenere un impasto liscio. Mettere in una ciotola unta, coprire con pellicola unta d'olio (involucro di plastica) e lasciare in un luogo caldo per circa 1 ora fino al raddoppio.

Dividere l'impasto a metà e stenderlo su un piano leggermente infarinato in rettangoli di circa 5 mm/¼ di spessore. Spennellare con burro fuso e cospargere con lo zucchero di canna, la cannella e l'uvetta. Arrotolare dalla misura più lunga e tagliare ogni rotolo in 12 fette di 1 cm/½ di spessore. Mettere le fette un po' distanziate su una teglia unta (biscotto) e lasciare in un luogo caldo per 1 ora. Cuocere in forno preriscaldato a 190°C/375°F/gas mark 5 per 20 minuti fino a quando non saranno ben lievitati.

Pane ai mirtilli rossi

Per una pagnotta da 450 g/1 lb

225 g/8 oz/2 tazze di farina normale (per tutti gli usi)

2,5 ml/½ cucchiaino di sale

2,5 ml/½ cucchiaino di bicarbonato di sodio (bicarbonato di sodio)

225 g/8 oz/1 tazza di zucchero semolato (superfino)

7,5 ml/1½ cucchiaino di lievito in polvere

Succo e scorza grattugiata di 1 arancia

1 uovo, sbattuto

25 g/1 oz/2 cucchiai di strutto (grasso), fuso

100 g/4 oz di mirtilli rossi freschi o congelati, schiacciati

50 g/2 oz/½ tazza di noci, tritate grossolanamente

Mescolare gli ingredienti secchi in una ciotola capiente. Mettere il succo e la scorza d'arancia in un misurino e portare a 175 ml/6 fl oz/¾ di tazza con acqua. Incorporare gli ingredienti secchi con l'uovo e lo strutto. Incorporare i mirtilli e le noci. Versare il cucchiaio in uno stampo da plum cake da 450 g/1 lb unto e cuocere in forno preriscaldato a 160°C/325°F/gas mark 3 per circa 1 ora fino a quando uno stecchino inserito al centro non esce pulito. Lasciare raffreddare, quindi conservare per 24 ore prima di tagliare.

Pagnotta di datteri e burro

Per una pagnotta da 900 g/2 libbre

Per la pagnotta:

175 g/6 oz/1 tazza di datteri snocciolati (snocciolati), tritati finemente

5 ml/1 cucchiaino di bicarbonato di sodio (bicarbonato di sodio)

250 ml/8 fl oz/1 tazza di acqua bollente

75 g/3 oz/1/3 tazza di burro o margarina, ammorbidito

225 g/8 oz/1 tazza di zucchero di canna morbido

1 uovo, leggermente sbattuto

5 ml/1 cucchiaino di essenza di vaniglia (estratto)

225 g/8 oz/2 tazze di farina normale (per tutti gli usi)

5 ml/1 cucchiaino di lievito per dolci

Un pizzico di sale

Per la farcitura:

100 g/4 oz/½ tazza di zucchero di canna morbido

50 g/2 oz/¼ tazza di burro o margarina

120 ml/4 fl oz/½ tazza di crema singola (leggera)

Per fare la pagnotta, unire i datteri, il bicarbonato di sodio e l'acqua bollente e mescolare bene, quindi lasciar raffreddare. Montare il burro o la margarina e lo zucchero fino a ottenere un composto chiaro e spumoso, quindi incorporare gradualmente l'uovo e l'essenza di vaniglia. Mescolare la farina, il lievito e il sale. Versare il composto in uno stampo da plumcake da 900 g unto e foderato e cuocere in forno preriscaldato a 180°C/350°F/gas mark 4 per 1 ora fino a quando uno stecchino inserito al centro non esce pulito.

Per la copertura, sciogliere lo zucchero, il burro o la margarina e la panna a fuoco basso finché non si saranno amalgamati, quindi cuocere a fuoco lento per 15 minuti mescolando di tanto in tanto. Togliete la pagnotta dallo stampo e versateci sopra il condimento caldo. Lasciare raffreddare.

Datteri e Banana Bread

Per una pagnotta da 900 g/2 libbre

225 g/8 oz/11/3 tazze di datteri snocciolati (snocciolati), tritati

300 ml/½ pt/1¼ tazze di latte

5 ml/1 cucchiaino di bicarbonato di sodio (bicarbonato di sodio)

100 g/4 oz/½ tazza di burro o margarina

275 g/10 oz/2½ tazze di farina autolievitante (autolievitante)

2 banane mature, schiacciate

1 uovo, sbattuto

75 g/3 oz/¾ tazza di nocciole, tritate

30 ml/2 cucchiai di miele chiaro

In un pentolino mettete i datteri, il latte e il bicarbonato e portate a bollore mescolando. Lasciare raffreddare. Strofinare il burro o la margarina nella farina fino a ottenere un composto simile al pangrattato. Incorporare le banane, l'uovo e la maggior parte delle nocciole, conservandone alcune per la decorazione. Versare in uno stampo da plumcake imburrato e foderato da 900 g/2 lb (teglia) e cuocere in forno preriscaldato a 180°C/350°F/gas mark 4 per 1 ora fino a quando uno stecchino inserito al centro non esce pulito. Lasciare raffreddare nello stampo per 5 minuti, quindi sformare e rimuovere la carta di rivestimento. Scaldare il miele e spennellare la superficie della torta. Cospargete con le noci messe da parte e lasciate raffreddare completamente.

Pagnotta di datteri e arancia

Per una pagnotta da 900 g/2 libbre

225 g/8 oz/11/3 tazze di datteri snocciolati (snocciolati), tritati

120 ml/4 fl oz/½ tazza d'acqua

200 g/7 oz/scarso 1 tazza di zucchero di canna morbido

75 g/3 oz/1/3 tazza di burro o margarina

Buccia grattugiata e succo di 1 arancia

1 uovo, leggermente sbattuto

225 g/8 oz/2 tazze di farina normale (per tutti gli usi)

10 ml/2 cucchiaini di lievito per dolci

5 ml/1 cucchiaino di cannella in polvere

Cuocere i datteri nell'acqua per 15 minuti fino a renderli polposi. Incorporare lo zucchero fino a quando non si sarà sciolto. Togliete dal fuoco e lasciate raffreddare leggermente. Sbattere il burro o la margarina, la scorza e il succo d'arancia, quindi l'uovo. Sbattere la farina, il lievito e la cannella. Versare in uno stampo da plumcake imburrato e foderato da 900 g/2 lb (teglia) e cuocere in forno preriscaldato a 180°C/350°F/gas mark 4 per 1 ora fino a quando uno stecchino inserito al centro non esce pulito.

Pane ai datteri e noci

Per una pagnotta da 900 g/2 libbre

250 ml/8 fl oz/1 tazza di acqua bollente

225 g/8 oz/11/3 tazze di datteri snocciolati (snocciolati), tritati

10 ml/2 cucchiaini di bicarbonato di sodio (bicarbonato di sodio)

25 g/1 oz/2 cucchiai di grasso vegetale (accorciamento)

225 g/8 oz/1 tazza di zucchero di canna morbido

2 uova, sbattute

225 g/8 oz/2 tazze di farina normale (per tutti gli usi)

5 ml/1 cucchiaino di sale

50 g/2 oz/½ tazza di noci pecan, tritate

Versare l'acqua bollente sui datteri e sul bicarbonato di sodio e lasciare che siano tiepidi. Montare insieme il grasso vegetale e lo zucchero fino ad ottenere una crema. Sbattere gradualmente le uova. Mescolate la farina con il sale e le noci, quindi incorporatela alla crema alternandola ai datteri e al liquido. Versare in uno stampo da plum cake da 900 g/2 lb imburrato e cuocere in forno preriscaldato a 180°C/350°F/gas mark 4 per 1 ora fino a quando non è solido al tatto.

Pane al tè con datteri

Per una pagnotta da 900 g/2 libbre

225 g/8 oz/2 tazze di farina normale (per tutti gli usi)

100 g/4 oz/½ tazza di zucchero di canna morbido

Un pizzico di sale

5 ml/1 cucchiaino di spezie miste (torta di mele) macinate

5 ml/1 cucchiaino di bicarbonato di sodio (bicarbonato di sodio)

50 g/2 oz/¼ tazza di burro o margarina, sciolto

15 ml/1 cucchiaio di melassa nera (melassa)

150 ml/¼ pt/2/3 tazza di tè nero

1 uovo, sbattuto

75 g/3 oz/½ tazza di datteri snocciolati (snocciolati), tritati

Mescolare insieme la farina, lo zucchero, il sale, le spezie e il bicarbonato di sodio. Mescolare il burro, la melassa, il tè e l'uovo e mescolare bene fino a ottenere un composto omogeneo. Mescolare i datteri. Versare il composto in uno stampo da plumcake da 900 g unto e foderato e cuocere in forno preriscaldato a 180°C/350°F/gas mark 4 per 45 minuti.

Pagnotta di datteri e noci

Per una pagnotta da 900 g/2 libbre

100 g/4 oz/½ tazza di burro o margarina

175 g/6 oz/1½ tazze di farina integrale (integrale)

50 g/2 oz/½ tazza di farina d'avena

10 ml/2 cucchiaini di lievito per dolci

5 ml/1 cucchiaino di spezie miste (torta di mele) macinate

2,5 ml/½ cucchiaino di cannella in polvere

50 g/2 oz/¼ tazza di zucchero di canna morbido

75 g/3 oz/½ tazza di datteri snocciolati (snocciolati), tritati

75 g/3 oz/¾ tazza di noci, tritate

2 uova, leggermente sbattute

30 ml/2 cucchiai di latte

Strofinare il burro o la margarina nelle farine, nel lievito e nelle spezie fino a ottenere un composto simile al pangrattato. Incorporare lo zucchero, i datteri e le noci. Mescolare le uova e il latte per ottenere un impasto morbido. Formare l'impasto in uno stampo da plumcake da 900 g unto e livellare la parte superiore. Cuocere in forno preriscaldato a 160°C/325°F/gas mark 3 per 45 minuti fino a quando non saranno lievitati e dorati.

Pagnotta di fichi

Per una pagnotta da 450 g/1 lb

100 g/4 oz/1½ tazze di crusca di cereali

100 g/4 oz/½ tazza di zucchero di canna morbido

100 g/4 oz/2/3 tazza di fichi secchi, tritati

30 ml/2 cucchiai di melassa nera (melassa)

250 ml/8 fl oz/1 tazza di latte

100 g/4 oz/1 tazza di farina integrale (integrale)

10 ml/2 cucchiaini di lievito per dolci

Mescolare i cereali, lo zucchero, i fichi, la melassa e il latte e lasciar riposare per 30 minuti. Incorporare la farina e il lievito. Versare il cucchiaio in uno stampo da plumcake da 450 g/1 lb (teglia) imburrato e cuocere in forno preriscaldato a 180°C/350°F/gas mark 4 per 45 minuti fino a quando non sarà ben fermo e uno stecchino inserito al centro esce pulito.

Pane Fichi e Marsala

Per una pagnotta da 900 g/2 libbre

225 g/8 oz/1 tazza di burro non salato (dolce) o margarina, ammorbidito

225 g/8 oz/1 tazza di zucchero di canna morbido

4 uova, leggermente sbattute

45 ml/3 cucchiai di Marsala

5 ml/1 cucchiaino di essenza di vaniglia (estratto)

200 g/7 oz/1¾ tazze di farina normale (per tutti gli usi)

Un pizzico di sale

50 g/2 oz/1/3 tazza di albicocche secche pronte al consumo, tritate

50 g/2 oz/1/3 tazza di datteri snocciolati (snocciolati), tritati

50 g/2 oz/1/3 tazza di fichi secchi, tritati

50 g/2 oz/½ tazza di noci miste tritate

Montare il burro o la margarina e lo zucchero fino a ottenere un composto chiaro e spumoso. Aggiungere gradualmente le uova, poi il Marsala e l'essenza di vaniglia. Mescolare la farina e il sale con la frutta e le noci, quindi incorporare al composto e mescolare bene. Versare in uno stampo da plumcake imburrato e infarinato da 900 g/2 lb e cuocere in forno preriscaldato a 180°C/350°F/gas mark 4 per 1 ora. Lasciare raffreddare nello stampo per 10 minuti, quindi capovolgere su una gratella per completare il raffreddamento.

Involtini Miele e Fichi

fa 12

25 g/1 oncia di lievito fresco o 40 ml/2½ cucchiaio di lievito secco

75 g/3 oz/¼ tazza di miele chiaro

300 ml/½ pt/1¼ tazze di acqua calda

100 g/4 oz/2/3 tazza di fichi secchi, tritati

15 ml/1 cucchiaio di estratto di malto

450 g/1 lb/4 tazze di farina integrale (integrale)

15 ml/1 cucchiaio di latte in polvere (latte in polvere scremato)

5 ml/1 cucchiaino di sale

2,5 ml/½ cucchiaino di noce moscata grattugiata

40 g/1½ oz/2½ cucchiaio di burro o margarina

Scorza grattugiata di 1 arancia

1 uovo, sbattuto

15 ml/1 cucchiaio di semi di sesamo

Frullare il lievito con 5 ml/1 cucchiaino di miele e un po' di acqua tiepida e lasciare in un luogo tiepido fino a quando non diventa spumoso. Mescolare l'acqua calda rimanente con i fichi, l'estratto di malto e il miele rimasto e lasciare in ammollo. Mescolare la farina, il latte in polvere, il sale e la noce moscata, quindi unire il burro o la margarina e incorporare la scorza d'arancia. Fare una fontana al centro e versare il composto di lievito e il composto di fichi. Mescolare fino ad ottenere un impasto morbido e impastare fino a quando non sarà più appiccicoso. Mettere in una ciotola unta d'olio, coprire con pellicola unta d'olio (involucro di plastica) e lasciare in un luogo caldo per 1 ora fino al raddoppio.

Impastare leggermente, quindi formare 12 rotoli e disporli su una teglia unta (biscotto). Coprite con pellicola unta d'olio e lasciate in un luogo tiepido per 20 minuti. Spennellare con uovo sbattuto e cospargere con semi di sesamo. Cuocere in forno preriscaldato a 230 ° C / 450 ° F / gas mark 8 per 15 minuti fino a doratura e suono vuoto quando picchiettato sulla base.

Hot Cross Buns

fa 12

Per i panini:

450 g/1 lb/4 tazze di farina forte (pane)

15 ml/1 cucchiaio di lievito secco

Un pizzico di sale

5 ml/1 cucchiaino di spezie miste (torta di mele) macinate

50 g/2 oz/¼ tazza di zucchero semolato (superfino)

100 g/4 oz/2/3 tazza di ribes

25 g/1 oz/3 cucchiai di buccia mista (candita) tritata

1 uovo, sbattuto

250 ml/8 fl oz/1 tazza di latte

50 g/2 oz/¼ tazza di burro o margarina, sciolto

Per le croci:

25 g/1 oz/¼ tazza di farina (per tutti gli usi))

15 ml/1 cucchiaio di acqua

Un piccolo uovo sbattuto

Per la glassa:

50 g/2 oz/¼ tazza di zucchero semolato (superfino)

150 ml/¼ pt/2/3 tazza di acqua

Per fare i panini, mescolare insieme gli ingredienti secchi, il ribes e la buccia mista. Incorporare l'uovo, il latte e il burro fuso e impastare fino ad ottenere un impasto sodo che si stacchi dalle pareti della ciotola. Rovesciare su una superficie leggermente infarinata e impastare per 5 minuti fino a ottenere un composto liscio ed elastico. Dividere in 12 e formare delle palline. Mettere bene a parte su una teglia (biscotto) unta, coprire con pellicola unta (involucro di plastica) e lasciare in un luogo caldo per circa 45 minuti fino al raddoppio.

Mettere la farina per la croce in una piccola ciotola e incorporare gradualmente acqua quanto basta per ottenere un impasto. Stendere fino a un lungo filo. Spennellare la parte superiore dei panini con l'uovo sbattuto, quindi premere delicatamente una croce di pasta tagliata dal filo lungo in ciascuno di essi. Cuocere in forno preriscaldato a 220°C/425°F/gas mark 7 per 20 minuti fino a doratura.

Per preparare la glassa, sciogliere lo zucchero nell'acqua, quindi far bollire fino a ottenere uno sciroppo. Spennellare i panini caldi, quindi trasferirli su una gratella a raffreddare.

Pane alle prugne del Lincolnshire

Per tre pagnotte da 450 g/1 lb

15 g/½ oz di lievito fresco o 20 ml/4 cucchiaini di lievito secco

45 ml/3 cucchiai di zucchero di canna morbido

200 ml/7 fl oz/scarsa 1 tazza di latte caldo

100 g/4 oz/½ tazza di burro o margarina

450 g/1 lb/4 tazze di farina normale (per tutti gli usi)

10 ml/2 cucchiaini di lievito per dolci

Un pizzico di sale

1 uovo, sbattuto

450 g/1 lb/22/3 tazze di frutta mista secca (mix di torte alla frutta)

Frullare il lievito con 5 ml/1 cucchiaino di zucchero e un po' di latte tiepido e lasciare in un luogo tiepido per 20 minuti fino a quando non diventa spumoso. Strofinare il burro o la margarina nella farina, nel lievito e nel sale fino a ottenere un composto simile al pangrattato. Incorporate lo zucchero rimasto e fate una fontana al centro. Incorporare il composto di lievito, il restante latte tiepido e l'uovo, quindi lavorare la frutta fino ad ottenere un impasto abbastanza consistente. Formare tre stampi da plumcake (teglie) da 450 g/1 lb imburrati e cuocere in forno preriscaldato a 150°C/300°F/gas mark 2 per 2 ore fino a doratura.

Panini londinesi

fa 10

50 g/2 oz di lievito fresco o 30 ml/2 cucchiai di lievito secco

75 g/3 oz/1/3 tazza di zucchero di canna morbido

300 ml/½ pt/1¼ tazze di acqua calda

175 g/6 oz/1 tazza di ribes

25 g/1 oz/3 cucchiai di datteri snocciolati (snocciolati) tritati

25 g/1 oz/3 cucchiai di buccia mista (candita) tritata

25 g/1 oz/2 cucchiai di ciliegie glacé tritate (candite)

45 ml/3 cucchiai di succo d'arancia

450 g/1 lb/4 tazze di farina integrale (integrale)

2,5 ml/½ cucchiaino di sale

25 g/1 oz/¼ tazza di latte in polvere (latte in polvere scremato)

15 ml/1 cucchiaio di spezie miste (torta di mele) macinate

5 ml/1 cucchiaino di cannella in polvere

75 g/3 oz/1/3 tazza di burro o margarina

15 ml/1 cucchiaio di scorza d'arancia grattugiata

1 uovo

15 ml/1 cucchiaio di miele chiaro

30 ml/2 cucchiai di mandorle a scaglie (a scaglie)

Frullate il lievito con un po' di zucchero e un po' di acqua tiepida e lasciate in un luogo tiepido per 20 minuti fino a quando non sarà spumoso. Mettere a bagno l'uva passa, i datteri, la scorza mista e le ciliegie nel succo d'arancia. Mescolare insieme la farina, il sale, il latte in polvere e le spezie. Strofinare il burro o la margarina, quindi incorporare la scorza d'arancia e fare un buco al centro. Aggiungere il composto di lievito, l'acqua tiepida rimanente e l'uovo e impastare fino ad ottenere un impasto liscio. Mettere in una ciotola unta d'olio, coprire con pellicola trasparente (involucro di plastica) e lasciare in un luogo caldo per 1 ora fino al raddoppio.

Formare l'impasto in 10 rotoli e disporli su una teglia unta (biscotto). Coprire con pellicola unta e lasciare in un luogo caldo per 45 minuti. Cuocere in forno preriscaldato a 230 °C/450 °F/gas mark 8 per 15 minuti fino a quando non saranno ben lievitati. Spennellare con il miele, cospargere con le mandorle e lasciar raffreddare.

Pagnotta Country Irlandese

Per una pagnotta da 900 g/2 libbre

350 g/12 oz/3 tazze di farina integrale (integrale)

100 g/4 oz/1 tazza di farina d'avena

100 g/4 oz/2/3 tazza di uva sultanina (uvetta dorata)

15 ml/1 cucchiaio di lievito per dolci

15 ml/1 cucchiaio di zucchero semolato (superfino)

5 ml/1 cucchiaino di bicarbonato di sodio (bicarbonato di sodio)

5 ml/1 cucchiaino di sale

10 ml/2 cucchiaini di spezie miste (torta di mele) macinate

Buccia grattugiata di ½ limone

1 uovo, sbattuto

300 ml/½ pt/1¼ tazze di latticello o yogurt bianco

150 ml/¼ pt/2/3 tazza di acqua

Mescolare tutti gli ingredienti secchi e la scorza di limone e fare un buco al centro. Sbattere insieme l'uovo, il latticello o lo yogurt e l'acqua. Unire gli ingredienti secchi e lavorare fino ad ottenere un impasto morbido. Impastare su una superficie leggermente infarinata, quindi formare uno stampo da plumcake da 900 g unto. Cuocere in forno preriscaldato a 200°C/400°F/gas mark 6 per 1 ora finché non saranno ben lievitati e sodi al tatto.

Pagnotta di malto

Per una pagnotta da 450 g/1 lb

25 g/1 oz/2 cucchiai di burro o margarina

225 g/8 oz/2 tazze di farina autolievitante (autolievitante)

25 g/1 oz/2 cucchiai di zucchero di canna morbido

30 ml/2 cucchiai di melassa nera (melassa)

20 ml/4 cucchiaini di estratto di malto

150 ml/¼ pt/2/3 tazza di latte

75 g/3 oz/½ tazza di uva sultanina (uvetta dorata)

15 ml/1 cucchiaio di zucchero semolato (superfino)

30 ml/2 cucchiai di acqua

Strofinare il burro o la margarina nella farina, quindi incorporare lo zucchero di canna. Scaldare la melassa, l'estratto di malto e il latte, quindi unire gli ingredienti secchi con l'uva sultanina e impastare. Trasformare in uno stampo da plumcake imburrato da 450 g/1 lb e cuocere in forno preriscaldato a 160°C/325°F/gas mark 3 per 1 ora fino a doratura. Portare a bollore lo zucchero e l'acqua e far bollire fino a ottenere uno sciroppo. Spennellare la superficie del pane e lasciar raffreddare.

Pane al malto di crusca

Per una pagnotta da 450 g/1 lb

100 g/4 oz/½ tazza di zucchero di canna morbido

225 g/8 oz/11/3 tazze di frutta secca mista (mix di torte alla frutta)

75 g/3 oz di cereali All Bran

250 ml/8 fl oz/1 tazza di latte

5 ml/1 cucchiaino di spezie miste (torta di mele) macinate

100 g/4 oz/1 tazza di farina autolievitante (autolievitante)

Mescolare lo zucchero, la frutta, All Bran, il latte e le spezie e lasciare in ammollo per 1 ora. Unire la farina e mescolare bene. Versare in uno stampo da plumcake imburrato e foderato da 450 g/1 lb (teglia) e cuocere in forno preriscaldato a 180°C/350°F/gas mark 4 per 1 ora e mezza fino a quando non diventa solido al tatto.

Pane Integrale al Malto

Per una pagnotta da 900 g/2 libbre

25 g/1 oz/2 cucchiai di burro o margarina

30 ml/2 cucchiai di melassa nera (melassa)

45 ml/3 cucchiai di estratto di malto

150 ml/¼ pt/2/3 tazza di latte

175 g/6 oz/1½ tazze di farina integrale (integrale)

75 g/3 oz/¾ tazza di farina d'avena

10 ml/2 cucchiaini di lievito per dolci

100 g/4 oz/2/3 tazza di uvetta

Sciogliere il burro o la margarina, la melassa, l'estratto di malto e il latte. Versare le farine, il lievito e l'uvetta e impastare fino ad ottenere un impasto morbido. Versare in uno stampo da plumcake da 900 g unto e livellare la superficie. Cuocere in forno preriscaldato a 200°C/400°F/gas mark 6 per 45 minuti fino a quando uno stecchino inserito al centro non esce pulito.

Pagnotta alle Noci di Freda

Per tre pagnotte da 350 g/12 oz

25 g/1 oncia di lievito fresco o 40 ml/2½ cucchiaio di lievito secco

10 ml/2 cucchiaini di estratto di malto

375 ml/13 fl oz/1½ tazze di acqua calda

450 g/1 lb/4 tazze di farina integrale (integrale)

5 ml/1 cucchiaino di farina di soia

50 g/2 oz/½ tazza di fiocchi d'avena

2,5 ml/½ cucchiaino di sale

25 g/1 oz/2 cucchiai di zucchero di canna morbido

15 ml/1 cucchiaio di strutto (grasso)

100 g/4 oz/1 tazza di noci miste tritate

175 g/6 oz/1 tazza di ribes

50 g/2 oz/1/3 tazza di datteri snocciolati (snocciolati), tritati

50 g/2 oz/1/3 tazza di uvetta

2,5 ml/½ cucchiaino di cannella in polvere

1 uovo, sbattuto

45 ml/3 cucchiai di mandorle a scaglie (a scaglie)

Frullate il lievito con l'estratto di malto e un po' di acqua tiepida e lasciate in un luogo tiepido fino a quando non sarà spumoso. Mescolare le farine, l'avena, il sale e lo zucchero, unire lo strutto e fare un buco al centro. Unire il composto di lievito e l'acqua tiepida rimanente e impastare fino ad ottenere un impasto liscio. Mescolare le noci, il ribes, i datteri, l'uvetta e la cannella. Impastare fino ad ottenere un composto elastico e non più appiccicoso. Mettere l'impasto in una ciotola unta d'olio e coprire con pellicola unta (involucro di plastica). Lasciare in un luogo caldo per 1 ora fino al raddoppio.

Impastare leggermente l'impasto, quindi formare tre dischi e appiattire leggermente, quindi posizionare su una teglia unta (biscotto). Spennellare la superficie con l'uovo sbattuto e cospargere con le mandorle. Cuocere in forno preriscaldato a 230 ° C / 450 ° F / gas mark 8 per 35 minuti fino a quando non saranno ben lievitati e avranno un suono vuoto quando battuti sulla base.

Pagnotta di noci brasiliane e datteri

Per tre pagnotte da 350 g/12 oz

25 g/1 oncia di lievito fresco o 40 ml/2½ cucchiaio di lievito secco

10 ml/2 cucchiaini di estratto di malto

375 ml/13 fl oz/1½ tazze di acqua calda

450 g/1 lb/4 tazze di farina integrale (integrale)

5 ml/1 cucchiaino di farina di soia

50 g/2 oz/½ tazza di fiocchi d'avena

2,5 ml/½ cucchiaino di sale

25 g/1 oz/2 cucchiai di zucchero di canna morbido

15 ml/1 cucchiaio di strutto (grasso)

100 g/4 oz/1 tazza di noci brasiliane, tritate

250 g/9 oz/1½ tazza di datteri snocciolati (snocciolati), tritati

2,5 ml/½ cucchiaino di cannella in polvere

1 uovo, sbattuto

45 ml/3 cucchiai di noci brasiliane affettate

Frullate il lievito con l'estratto di malto e un po' di acqua tiepida e lasciate in un luogo tiepido fino a quando non sarà spumoso. Mescolare le farine, l'avena, il sale e lo zucchero, unire lo strutto e fare un buco al centro. Unire il composto di lievito e l'acqua tiepida rimanente e impastare fino ad ottenere un impasto liscio. Mescolare le noci, i datteri e la cannella. Impastare fino ad ottenere un composto elastico e non più appiccicoso. Mettere l'impasto in una ciotola unta d'olio e coprire con pellicola unta (involucro di plastica). Lasciare in un luogo caldo per 1 ora fino al raddoppio.

Impastare leggermente l'impasto, formare tre dischi e appiattire leggermente, quindi posizionare su una teglia unta (biscotto). Spennellare la superficie con l'uovo sbattuto e cospargere con le noci brasiliane affettate. Cuocere in forno preriscaldato a 230 ° C / 450 ° F / gas mark 8 per 35 minuti fino a quando non saranno ben lievitati e avranno un suono vuoto quando battuti sulla base.

Panastan alla frutta

Per tre pani da 175 g/12 oz

25 g/1 oncia di lievito fresco o 40 ml/2½ cucchiaio di lievito secco

150 ml/¼ pt/2/3 tazza di acqua calda

60 ml/4 cucchiai di miele chiaro

5 ml/1 cucchiaino di estratto di malto

15 ml/1 cucchiaio di semi di girasole

15 ml/1 cucchiaio di semi di sesamo

25 g/1 oz/¼ tazza di germe di grano

450 g/1 lb/4 tazze di farina integrale (integrale)

5 ml/1 cucchiaino di sale

50 g/2 oz/¼ tazza di burro o margarina

175 g/6 oz/1 tazza di uva sultanina (uvetta dorata)

25 g/1 oz/3 cucchiai di buccia mista (candita) tritata

1 uovo, sbattuto

Frullare il lievito con un po' di acqua tiepida e 5 ml/1 cucchiaino di miele e lasciare in un luogo caldo per 20 minuti fino a quando non diventa spumoso. Mescolare il restante miele e l'estratto di malto nell'acqua calda rimanente. Tostare i semi di girasole e di sesamo e il germe di grano in una padella asciutta, agitando fino a doratura. Mettere in una ciotola con la farina e il sale e strofinare con il burro o la margarina. Unire l'uva sultanina e la buccia mista e fare un buco al centro. Aggiungere la miscela di lievito, la miscela di acqua e l'uovo e impastare fino ad ottenere un impasto liscio. Mettere in una ciotola unta d'olio, coprire con pellicola unta d'olio (involucro di plastica) e lasciare in un luogo caldo per 1 ora fino al raddoppio.

Impastare leggermente, quindi formare tre pani e adagiarli su una teglia unta (biscotto) o in teglie (teglie) unte. Coprite con pellicola unta d'olio e lasciate in un luogo tiepido per 20 minuti. Cuocere in forno preriscaldato a 230 °C/450°F/gas mark 8 per 40 minuti fino a doratura e suono vuoto quando picchiettato sulla base.

Pagnotta Di Zucca

Per due pagnotte da 450 g/1 lb

350 g/12 oz/1½ tazze di zucchero semolato (superfino)

120 ml/4 fl oz/½ tazza di olio

2,5 ml/½ cucchiaino di noce moscata grattugiata

5 ml/1 cucchiaino di cannella in polvere

5 ml/1 cucchiaino di sale

2 uova, sbattute

225 g/8 oz/1 tazza di zucca cotta e schiacciata

60 ml/4 cucchiai di acqua

2,5 ml/½ cucchiaino di bicarbonato di sodio (bicarbonato di sodio)

1,5 ml/¼ cucchiaino di lievito in polvere

175 g/6 oz/1½ tazze di farina (per tutti gli usi)

Mescolare lo zucchero, l'olio, la noce moscata, la cannella, il sale e le uova e sbattere bene. Unire gli altri ingredienti e impastare fino ad ottenere un impasto omogeneo. Versare in due tortiere (teglie) da 450 g/1 lb imburrate e cuocere in forno preriscaldato a 180°C/350°F/gas mark 4 per 1 ora fino a quando uno stecchino inserito al centro non esce pulito.

Pane all'uvetta

Per due pagnotte da 450 g/1 lb

15 ml/1 cucchiaio di lievito secco

120 ml/4 fl oz/½ tazza di acqua calda

250 ml/8 fl oz/1 tazza di latte caldo

60 ml/4 cucchiai di olio

50 g/2 oz/¼ tazza di zucchero

1 uovo, sbattuto

10 ml/2 cucchiaini di cannella in polvere

5 ml/1 cucchiaino di sale

225 g/8 oz/11/3 tazze di uvetta, ammollata in acqua fredda per una notte

550 g/1¼ lb/5 tazze di farina (di pane) forte

Sciogliere il lievito nell'acqua tiepida e lasciare finché non diventa spumoso. Mescolare insieme il latte, l'olio, lo zucchero, l'uovo, la cannella e il sale. Scolare l'uvetta e unirla al composto. Incorporare la miscela di lievito. Incorporare gradualmente la farina e impastare fino ad ottenere un impasto duro. Mettere in una ciotola unta e coprire con pellicola unta (involucro di plastica). Lasciare lievitare in un luogo caldo per circa 1 ora fino al raddoppio.

Impastare di nuovo e formare due stampi da plumcake da 450 g unti. Coprite con pellicola unta d'olio e lasciate nuovamente in un luogo caldo fino a quando l'impasto non si alza sopra la parte superiore degli stampini. Cuocere in forno preriscaldato a 150°C/300°F/gas mark 2 per 1 ora fino a doratura.

Ammollo all'uvetta

Per due pagnotte da 450 g/l lb

450 g/1 lb/4 tazze di farina normale (per tutti gli usi)

2,5 ml/½ cucchiaino di sale

5 ml/1 cucchiaino di spezie miste (torta di mele) macinate

225 g/8 oz/11/3 tazze di uvetta, tritata

10 ml/2 cucchiaini di bicarbonato di sodio (bicarbonato di sodio)

100 g/4 oz/½ tazza di burro o margarina, sciolto

225 g/8 oz/1 tazza di zucchero semolato (superfino)

450 ml/¾ pt/2 tazze di latte

15 ml/1 cucchiaio di succo di limone

30 ml/2 cucchiai di marmellata di albicocche (conserva), setacciata (filtrata)

Mescolare insieme la farina, il sale, le spezie miste e l'uvetta. Mescolare il bicarbonato di sodio nel burro fuso finché non si sarà amalgamato, quindi mescolare tutti gli ingredienti fino a quando saranno ben amalgamati. Coprire e lasciare riposare per una notte.

Versare il composto in due stampi da plumcake (teglie) da 450 g imburrati e foderati e cuocere in forno preriscaldato a 180 ° C per 1 ora fino a quando uno stecchino inserito al centro non esce pulito.

Pane al Rabarbaro e Datteri

Per una pagnotta da 900 g/2 libbre

225 g/8 oz di rabarbaro, tritato

50 g/2 oz/¼ tazza di burro o margarina

225 g/8 oz/2 tazze di farina normale (per tutti gli usi)

15 ml/1 cucchiaio di lievito per dolci

175 g/6 oz/1 tazza di datteri, snocciolati (snocciolati) e tritati finemente

1 uovo, sbattuto

60 ml/4 cucchiai di latte

Lavate il rabarbaro e fatelo cuocere dolcemente nella sola acqua aggrappandosi ai pezzi fino ad ottenere una purea. Strofinare il burro o la margarina nella farina e nel lievito fino a ottenere un composto simile al pangrattato. Incorporare il rabarbaro, i datteri, l'uovo e il latte e amalgamare bene. Versare in uno stampo da plumcake imburrato e foderato da 900 g/2 lb (tegame) e cuocere in forno preriscaldato a 190°C/375°F/gas mark 5 per 1 ora fino a quando non diventa solido al tatto.

Pane Di Riso

Per una pagnotta da 900 g/2 libbre

75 g/3 oz/1/3 tazza di arborio o altro riso a grana media

500 ml/17 fl oz/2½ tazze di acqua tiepida

15 g/½ oz di lievito fresco o 20 ml/4 cucchiaini di lievito secco

30 ml/2 cucchiai di acqua tiepida

550 g/1½ lb/6 tazze di farina (di pane) forte

15 ml/1 cucchiaio di sale

Mettere il riso e metà dell'acqua tiepida in una pentola, portare a bollore, coprire e cuocere a fuoco lento per circa 25 minuti fino a quando il riso avrà assorbito tutto il liquido e compariranno delle bolle in superficie.

Nel frattempo mescolate il lievito con l'acqua tiepida. Quando il riso sarà cotto, unire la farina, il sale, il lievito e la restante acqua tiepida e impastare fino ad ottenere un impasto umido. Coprire con pellicola unta (involucro di plastica) e lasciare in un luogo caldo per circa 1 ora fino al raddoppio.

Impastare l'impasto su una superficie infarinata, quindi formare uno stampo da plumcake da 900 g unto. Coprire con pellicola unta d'olio e lasciare in un luogo caldo fino a quando l'impasto non si alza sopra la parte superiore dello stampo. Cuocere in forno preriscaldato a 230°C/450°F/gas mark 8 per 15 minuti, quindi ridurre la temperatura del forno a 200°C/400°F/gas mark 6 e cuocere per altri 15 minuti. Togliete dallo stampo e rimettete in forno per altri 15 minuti fino a quando saranno croccanti e dorati.

Pane di riso e tè alle noci

Per due pagnotte da 900 g/2 libbre

100 g/4 oz/½ tazza di riso a chicco lungo

300 ml/½ pt/1¼ tazze di succo d'arancia

400 g/14 oz/1¾ tazze di zucchero semolato (superfino)

2 uova, sbattute

50 g/2 oz/¼ tazza di burro o margarina, sciolto

Buccia grattugiata e succo di 1 arancia

225 g/8 oz/2 tazze di farina normale (per tutti gli usi)

175 g/6 oz/1½ tazze di farina integrale (integrale)

10 ml/2 cucchiaini di lievito per dolci

5 ml/1 cucchiaino di bicarbonato di sodio (bicarbonato di sodio)

5 ml/1 cucchiaino di sale

50 g/2 oz/½ tazza di noci, tritate

50 g/2 oz/1/3 tazza di uva sultanina (uvetta dorata)

50 g/2 oz/1/3 tazza di zucchero a velo (confettieri), setacciato

Cuocete il riso in abbondante acqua bollente salata per circa 15 minuti finché non sarà tenero, quindi scolatelo, sciacquatelo in acqua fredda e scolatelo nuovamente. Mescolare insieme il succo d'arancia, lo zucchero, le uova, il burro fuso o la margarina e tutti tranne 2,5 ml/½ cucchiaino di scorza d'arancia – riservare il resto e il succo per la glassa (glassa). Mescolare le farine, il lievito, il bicarbonato di sodio e il sale e incorporare al composto di zucchero. Incorporare il riso, le noci e l'uva sultanina. Versare il composto in due stampi da plumcake (teglie) da 900 g/2 lb imburrati e cuocere in forno preriscaldato a 180°C/350°F/gas mark 4 per 1 ora fino a quando uno stecchino inserito al centro non esce pulito. Lasciare raffreddare negli stampini per 10 minuti, quindi capovolgere su una gratella per completare il raffreddamento.

Mescolare lo zucchero a velo con la scorza d'arancia messa da parte e abbastanza succo per ottenere una pasta liscia e densa. Cospargete le pagnotte e lasciate riposare. Servire affettato e imburrato.

Involtini Di Zucchero Ricci

Fa circa 10

50 g/2 oz di lievito fresco o 75 ml/5 cucchiai di lievito secco

75 g/3 oz/1/3 tazza di zucchero di canna morbido

300 ml/½ pt/1¼ tazze di acqua calda

175 g/6 oz/1 tazza di ribes

25 g/1 oz/3 cucchiai di datteri snocciolati (snocciolati), tritati

45 ml/3 cucchiai di succo d'arancia

450 g/1 lb/4 tazze di farina integrale (integrale)

2,5 ml/½ cucchiaino di sale

25 g/1 oz/¼ tazza di latte in polvere (latte in polvere scremato)

15 ml/1 cucchiaio di spezie miste (torta di mele) macinate

75 g/3 oz/1/3 tazza di burro o margarina

15 ml/1 cucchiaio di scorza d'arancia grattugiata

1 uovo

Per il ripieno:

30 ml/2 cucchiai di olio

75 g/3 oz/1/3 tazza di zucchero demerara

Per la glassa:

15 ml/1 cucchiaio di miele chiaro

30 ml/2 cucchiai di noci tritate

Frullare il lievito con un po' di zucchero di canna morbido e un po' di acqua tiepida e lasciare in un luogo caldo per 20 minuti fino a quando non diventa spumoso. Immergere il ribes e i datteri nel succo d'arancia. Mescolare la farina, il sale, il latte in polvere e le spezie miste. Strofinare il burro o la margarina, quindi incorporare la scorza d'arancia e fare un buco al centro. Aggiungere il composto di lievito, l'acqua tiepida rimanente e l'uovo e impastare fino ad ottenere un impasto liscio. Mettere in una ciotola unta d'olio, coprire con pellicola unta d'olio (involucro di plastica) e lasciare in un luogo caldo per 1 ora fino al raddoppio.

Stendere l'impasto su una superficie leggermente infarinata fino a ottenere un grande rettangolo. Spennellare con olio e cospargere con zucchero demerara. Arrotolare come un rotolo svizzero (gelatina) e tagliare in una decina di fette di 2,5 cm/1. Disporre su una teglia unta (biscotto) a circa 1 cm di distanza, coprire con pellicola unta e lasciare in un luogo caldo per 40 minuti. Cuocere in forno preriscaldato a 230 °C/450 °F/gas mark 8 per 15 minuti fino a quando non saranno ben lievitati. Spennellare con il miele, cospargere con le noci e lasciar raffreddare.

Selkirk Bannock

Per una pagnotta da 450 g/1 lb

Per l'impasto:

225 g/8 oz/2 tazze di farina normale (per tutti gli usi)

Un pizzico di sale

50 g/2 oz/¼ tazza di strutto (accorciamento)

150 ml/¼ pt/2/3 tazza di latte

15 g/½ oz di lievito fresco o 20 ml/4 cucchiaini di lievito secco

50 g/2 oz/¼ tazza di zucchero semolato (superfino)

100 g/4 oz/2/3 tazza di uva sultanina (uvetta dorata)

Per la glassa:

25 g/1 oz/2 cucchiai di zucchero semolato (superfino)

30 ml/2 cucchiai di acqua

Per fare l'impasto, mescolare la farina e il sale. Sciogliere lo strutto, aggiungere il latte e portare a ebollizione. Versare sul lievito e aggiungere 5 ml/1 cucchiaino di zucchero. Lasciare per circa 20 minuti fino a quando non diventa spumoso. Fare un buco al centro della farina e versare il composto di lievito. Incorporare gradualmente la farina e impastare per 5 minuti. Coprire e mettere in un luogo caldo per 1 ora a lievitare. Sformare su un piano di lavoro infarinato e unire l'uvetta e lo zucchero rimasto. Formare un grande cerchio e posizionarlo su una teglia unta (biscotto). Coprire con pellicola unta (involucro di plastica) e lasciare in un luogo caldo fino al raddoppio. Cuocere in forno preriscaldato a 220°C/425°F/gas mark 7 per 15 minuti. Ridurre la temperatura del forno a 190°C/375°F/gas mark 5 e cuocere per altri 25 minuti. Togliere dal forno.

Pane Sultanina e Carrube

Per una pagnotta da 900 g/2 libbre

150 g/5 oz/1¼ tazze di farina integrale (integrale)

15 ml/1 cucchiaio di lievito per dolci

25 g/1 oz/¼ tazza di carruba in polvere

50 g/2 oz/½ tazza di farina d'avena

50 g/2 oz/¼ tazza di burro o margarina, ammorbidito

175 g/6 oz/1 tazza di uva sultanina (uvetta dorata)

2 uova, sbattute

150 ml/¼ pt/2/3 tazza di latte

60 ml/4 cucchiai di olio

Mescolare gli ingredienti secchi. Strofinare il burro o la margarina, quindi incorporare l'uva sultanina. Sbattere insieme le uova, il latte e l'olio, quindi unire al composto di farina per ottenere un impasto morbido. Formare uno stampo da plum cake da 900 g/2 lb unto e cuocere in forno preriscaldato a 180°C/350°F/gas mark 4 per 1 ora fino a quando non diventa solido al tatto.

Pagnotta Sultana e Arancia

Per due pagnotte da 450 g/1 lb

Per l'impasto:

450 g/1 lb/4 tazze di farina integrale (integrale)

20 ml/4 cucchiaini di lievito per dolci

75 g/3 oz/1/3 tazza di zucchero di canna morbido

5 ml/1 cucchiaino di sale

2,5 ml/½ cucchiaino di macis macinato

75 g/3 oz/1/3 tazza di grasso vegetale (accorciamento)

3 albumi d'uovo

300 ml/½ pt/1¼ tazze di latte

Per il ripieno:

175 g/6 oz/1½ tazze di pangrattato integrale (integrale)

50 g/2 oz/½ tazza di mandorle tritate

50 g/2 oz/¼ tazza di zucchero di canna morbido

100 g/4 oz/2/3 tazza di uva sultanina (uvetta dorata)

30 ml/2 cucchiai di succo d'arancia

1 uovo, leggermente sbattuto

Per la glassa:

15 ml/1 cucchiaio di miele

Per fare l'impasto, mescolare gli ingredienti secchi e strofinare il grasso. Mescolare gli albumi e il latte e incorporare al composto fino a ottenere un impasto morbido e malleabile. Unire gli ingredienti del ripieno, utilizzando quanto basta dell'uovo per ottenere una consistenza spalmabile. Stendere l'impasto su una superficie leggermente infarinata in un rettangolo di 20 x 30 cm/8 x 10. Distribuire il ripieno su tutto tranne i 2,5 cm superiori lungo il bordo lungo. Arrotolare dal bordo opposto, come un rotolo svizzero (gelatina), e inumidire la striscia di pasta liscia per sigillare. Inumidire ciascuna estremità e modellare il rotolo in un cerchio, sigillando le estremità insieme. Con le forbici affilate, praticate dei piccoli tagli intorno alla parte superiore per la decorazione. Mettere su una teglia unta (biscotto) e spennellare con l'uovo rimanente. Lasciare riposare per 15 minuti.

Cuocere in forno preriscaldato a 230 °C/450 °F/gas mark 8 per 25 minuti fino a doratura. Spennellare con il miele e lasciar raffreddare.

Pane Sultanina e Sherry

Per una pagnotta da 900 g/2 libbre

225 g/8 oz/1 tazza di burro non salato (dolce) o margarina, ammorbidito

225 g/8 oz/1 tazza di zucchero di canna morbido

4 uova

45 ml/3 cucchiai di sherry dolce

5 ml/1 cucchiaino di essenza di vaniglia (estratto)

200 g/7 oz/1¾ tazze di farina normale (per tutti gli usi)

Un pizzico di sale

75 g/3 oz/½ tazza di uva sultanina (uvetta dorata)

50 g/2 oz/1/3 tazza di datteri snocciolati (snocciolati), tritati

50 g/2 oz/1/3 tazza di fichi secchi, a dadini

50 g/2 oz/½ tazza di scorze miste (candite) tritate

Montare il burro o la margarina e lo zucchero fino a ottenere un composto chiaro e spumoso. Aggiungere gradualmente le uova, quindi lo sherry e l'essenza di vaniglia. Mescolare la farina e il sale con la frutta, quindi incorporare al composto e mescolare bene. Versare in uno stampo da plumcake imburrato e infarinato da 900 g/2 lb e cuocere in forno preriscaldato a 180°C/350°F/gas mark 4 per 1 ora. Lasciare raffreddare nello stampo per 10 minuti, quindi capovolgere su una gratella per completare il raffreddamento.

Pane al Tè Cottage

Per due pagnotte da 450 g/1 lb

Per l'impasto:

25 g/1 oncia di lievito fresco o 40 ml/2½ cucchiaio di lievito secco

15 ml/1 cucchiaio di zucchero di canna morbido

300 ml/½ pt/1¼ tazze di acqua calda

15 ml/1 cucchiaio di burro o margarina

450 g/1 lb/4 tazze di farina integrale (integrale)

15 ml/1 cucchiaio di latte in polvere (latte in polvere scremato)

5 ml/1 cucchiaino di spezie miste (torta di mele) macinate

2,5 ml/½ cucchiaino di sale

1 uovo

175 g/6 oz/1 tazza di ribes

100 g/4 oz/2/3 tazza di uva sultanina (uvetta dorata)

50 g/2 oz/1/3 tazza di uvetta

50 g/2 oz/1/3 tazza di scorze miste (candite) tritate

Per la glassa:

15 ml/1 cucchiaio di succo di limone

15 ml/1 cucchiaio di acqua

Un pizzico di spezie miste (torta di mele) macinate

Per fare l'impasto, frullare il lievito con lo zucchero con un po' di acqua tiepida e lasciare in un luogo tiepido per 10 minuti fino a quando non sarà spumoso. Strofinare il burro o la margarina nella farina, quindi incorporare il latte in polvere, le spezie miste e il sale e fare un pozzo al centro. Incorporare l'uovo, il composto di lievito e l'acqua calda rimanente e impastare. Impastare fino a che liscio ed elastico. Lavorate il ribes, l'uva sultanina, l'uvetta e le bucce miste. Mettere in una ciotola unta d'olio, coprire con pellicola unta d'olio (involucro di plastica) e lasciare in luogo caldo per 45 minuti. Formare due stampi da plumcake (teglie) da 450 g unti. Coprite con pellicola unta d'olio e lasciate in un luogo caldo per 15 minuti. Cuocere in forno preriscaldato a 220°C/425°F/gas mark 7 per 30 minuti fino a doratura. Rimuovere dalla latta. Mescolare gli ingredienti della glassa e spennellare le pagnotte calde, quindi lasciar raffreddare.

Torte Al Tè

fa 6

15 g/½ oz di lievito fresco o 20 ml/4 cucchiaini di lievito secco

300 ml/½ pt/1¼ tazze di latte caldo

25 g/1 oz/2 cucchiai di zucchero semolato (superfino)

25 g/1 oz/2 cucchiai di burro o margarina

450 g/1 lb/4 tazze di farina normale (per tutti gli usi)

5 ml/1 cucchiaino di sale

50 g/2 oz/1/3 tazza di uva sultanina (uvetta dorata)

Frullate il lievito con il latte tiepido e un po' di zucchero e lasciate in un luogo tiepido fino a quando non sarà spumoso. Strofinare il burro o la margarina nella farina e nel sale, quindi incorporare lo zucchero rimasto e l'uvetta. Incorporare il composto di lievito e impastare fino ad ottenere un impasto morbido. Rovesciare su una superficie leggermente infarinata e impastare fino a che liscio. Mettere in una ciotola unta d'olio, coprire con pellicola unta d'olio (involucro di plastica) e lasciare in un luogo caldo fino al raddoppio. Riprendete l'impasto, poi dividetelo in sei parti e arrotolatele in una palla. Appiattire leggermente su una teglia unta (biscotto), coprire con pellicola unta e lasciare nuovamente in un luogo caldo fino al raddoppio. Cuocere in forno preriscaldato a 200°C/400°F/gas mark 6 per 20 minuti.

Pagnotta Di Noci

Per una pagnotta da 900 g/2 libbre

350 g/12 oz/3 tazze di farina normale (per tutti gli usi)

15 ml/1 cucchiaio di lievito per dolci

225 g/8 oz/1 tazza di zucchero di canna morbido

5 ml/1 cucchiaino di sale

1 uovo, leggermente sbattuto

50 g/2 oz/¼ tazza di strutto (grasso), fuso

375 ml/13 fl oz/1½ tazze di latte

5 ml/1 cucchiaino di essenza di vaniglia (estratto)

175 g/6 oz/1½ tazze di noci, tritate

Mescolare la farina, il lievito, lo zucchero e il sale e fare una fontana al centro. Incorporare l'uovo, lo strutto, il latte e l'essenza di vaniglia, quindi incorporare le noci. Versare in uno stampo da plumcake imburrato da 900 g/2 lb e cuocere in forno preriscaldato a 180°C/350°F/gas mark 4 per circa 1¼ ore fino a quando non sarà ben lievitato e dorato.

Pane a strati di noci e zucchero

Per una pagnotta da 900 g/2 libbre

Per la pastella:

350 g/12 oz/3 tazze di farina normale (per tutti gli usi)

15 ml/1 cucchiaio di lievito per dolci

225 g/8 oz/1 tazza di zucchero di canna morbido

5 ml/1 cucchiaino di sale

1 uovo, leggermente sbattuto

50 g/2 oz/¼ tazza di strutto (grasso), fuso

375 ml/13 fl oz/1½ tazze di latte

5 ml/1 cucchiaino di essenza di vaniglia (estratto)

175 g/6 oz/1½ tazze di noci, tritate

Per il ripieno:

15 ml/1 cucchiaio di farina (per tutti gli usi)

50 g/2 oz/¼ tazza di zucchero di canna morbido

5 ml/1 cucchiaino di cannella in polvere

15 ml/1 cucchiaio di burro, fuso

Per preparare la pastella, mescolare la farina, il lievito, lo zucchero e il sale e fare un buco al centro. Incorporare l'uovo, lo strutto, il latte e l'essenza di vaniglia, quindi incorporare le noci. Versare metà del composto in uno stampo da plum cake da 900 g/2 lb imburrato. Mescolare gli ingredienti del ripieno e versare sopra l'impasto. Versare il restante impasto e cuocere in forno preriscaldato a 180°C/350°F/gas mark 4 per circa 1¼ ore fino a quando non sarà ben lievitato e dorato.

Pagnotta Noci e Arancia

Per una pagnotta da 900 g/2 libbre

350 g/12 oz/3 tazze di farina normale (per tutti gli usi)

15 ml/1 cucchiaio di lievito per dolci

225 g/8 oz/1 tazza di zucchero di canna morbido

5 ml/1 cucchiaino di sale

1 uovo, leggermente sbattuto

5 ml/1 cucchiaino di scorza d'arancia grattugiata

50 g/2 oz/¼ tazza di strutto (grasso), fuso

375 ml/13 fl oz/1½ tazze di latte

5 ml/1 cucchiaino di essenza di vaniglia (estratto)

175 g/6 oz/1½ tazze di noci, tritate

50 g/2 oz/1/3 tazza di scorze miste (candite) tritate

Mescolare la farina, il lievito, lo zucchero e il sale e fare una fontana al centro. Incorporare l'uovo, la scorza d'arancia, lo strutto, il latte e l'essenza di vaniglia, quindi incorporare le noci e la scorza mista. Versare in uno stampo da plumcake imburrato da 900 g/2 lb e cuocere in forno preriscaldato a 180°C/350°F/gas mark 4 per circa 1¼ ore fino a quando non sarà ben lievitato e dorato.

Lightning Source UK Ltd.
Milton Keynes UK
UKHW022009230621
386053UK00002B/212